Verkürzung des WP-Examens
nach § 8a und § 13b WPO

Interessante Informationen für angehende Steuerberater/Wirtschaftsprüfer
und Young Professionals finden Sie auf unserer Homepage:

www.berufsziel-steuerberater.de

www.berufsziel-wirtschaftsprüfer.de

Detlef Jürgen Brauner (Hrsg.)

Verkürzung des WP-Examens nach § 8a und § 13b WPO

Fachliche Voraussetzungen
Profile anerkannter Hochschulen
AuditXcellence-Programm

13., überarbeitete Auflage

Edition Wissenschaft & Praxis

Bibliografische Information der Deutschen Nationalbibliothek

Die Deutsche Nationalbibliothek verzeichnet diese Publikation in
der Deutschen Nationalbibliografie; detaillierte bibliografische Daten
sind im Internet über http://dnb.d-nb.de abrufbar.

© 2023 Edition Wissenschaft & Praxis
bei Duncker & Humblot GmbH, Berlin
Satz: L101 Mediengestaltung, Fürstenwalde
Druck: mediaprint solutions GmbH, Paderborn
Printed in Germany

ISBN 978-3-89673-778-6 (Print)
ISBN 978-3-89644-778-4 (E-Book)

Vorwort

Der Weg zum Wirtschaftsprüfer gilt als steinig und sehr lang: Auf das Hochschulstudium folgen eine mehrjährige Praxisphase und i. d. R. zunächst das Steuerberater-Examen. Erst wenn diese Hürde übersprungen wurde, konnte das WP-Examen in Angriff genommen werden. Letztendlich lagen zwischen Abitur und bestandenem WP-Examen nicht selten deutlich mehr als 10 Jahre.

Im Zuge der Internationalisierung der Berufszugangsregelungen ergab sich die Notwendigkeit einer Verkürzung des Berufszuganges durch integrierte Ausbildungsgänge und entsprechende Studiengestaltung. Mit der Anerkennung von Studiengängen nach § 8a WPO und der Anerkennung von Prüfungsleistungen nach § 13b WPO wurde dieser Entwicklung Rechnung getragen.

Darüber hinaus wurde im Februar 2019 ein modularisiertes Prüfungsverfahren im WP-Examen eingeführt. Dadurch wird eine individuellere persönliche Examensplanung möglich: die abzulegenden Prüfungsgebiete müssen nicht mehr im Block absolviert werden, sondern können als Module auf einen maximal sechsjährigen Prüfungszeitraum verteilt werden.

Die vorliegende 13., vollständig überarbeitete und erweiterte Auflage vermittelt der/dem am Berufsziel Wirtschaftsprüfer Interessierten zunächst einen aktuellen, profunden Überblick über die fachlichen Voraussetzungen zur Verkürzung des WP-Examens (einschließlich des aktuellen Referenzrahmens, der Curricula und der Dokumentation durch Modulhandbücher). Im Anschluss daran stellen sich die nach § 8a WPO anerkannten Hochschulen vor und jene Hochschulen, denen die Prüfungsstelle für das WP-Examen bestätigt hat, dass ihre Prüfungen denen des WP-Examens nach § 13b WPO gleichwertig sind. Darüber hinaus wird das AuditXcellence Programm der „Big Four" vorgestellt.

Mein besonderer Dank gilt erneut Herrn Ass. jur. Henning Tüffers von der WP-Kammer, nicht nur für seinen Beitrag in diesem Buch, sondern auch für seine stets kompetente fachliche Beratung bei der Entstehung dieses Werkes.

Das generische Maskulinum dient nur der leichteren Lesbarkeit des Texts. Sämtliche Angaben beziehen sich auf alle Geschlechter.

Dr. Detlef Jürgen Brauner
Herausgeber

Ist Karriere ein Weg oder ein Ziel?

Deine Laufbahn ist kein vorbestimmter Pfad, sondern ein Weg mit immer neuen Perspektiven - und dein Einstieg bei EY der optimale Startpunkt.

www.de.ey.com/karriere

The better the question.
The better the answer.
The better the world works.

EY
Building a better working world

Inhalt

I. Fachliche Voraussetzungen

II. AuditXcellence und Profile anerkannter Hochschulen

Anerkennung nach § 8a WPO

Anerkennung nach § 13b WPO

I. Fachliche Voraussetzungen

A. Anerkennung von Studiengängen nach § 8a WPO

Von Ass. jur. Henning Tüffers, Leiter der Prüfungsstelle für das WP-Examen bei der Wirtschaftsprüferkammer

I. Allgemeines

§ 8a WPO ist durch die 5. WPO-Novelle, das Gesetz zur Reform des Zulassungs- und Prüfungsverfahrens des Wirtschaftsprüfungsexamens (Wirtschaftsprüfungsexamens-Reformgesetz), 2004 in das Gesetz über eine Berufsordnung der Wirtschaftsprüfer (Wirtschaftsprüferordnung – WPO) eingefügt worden. Unter bestimmten Voraussetzungen können Hochschulausbildungsgänge (Studiengänge) als zur Ausbildung von Wirtschaftsprüfern besonders geeignet anerkannt werden. Die Vorschrift schafft die Voraussetzungen für die Anrechnung von Leistungsnachweisen von Hochschulen und eröffnet einen zusätzlichen Zugangsweg zum Wirtschaftsprüfungsexamen. Die Teilnahme am staatlichen Wirtschaftsprüfungsexamen als Voraussetzung für den Zugang zum Wirtschaftsprüferberuf wurde nicht abgeschafft, ein Teil der Prüfungen im Wirtschaftsprüfungsexamen wird durch Prüfungen ersetzt, die in einem Hochschulstudium erbracht werden.

§ 8a WPO ist des Weiteren Ermächtigungsgrundlage für den Erlass einer Rechtsverordnung zur Regelung von Einzelheiten zum Verfahren durch das Bundesministerium für Wirtschaft und Klimaschutz (BMWK), die der Zustimmung des Bundesrates bedarf. Das damalige Bundesministerium für Wirtschaft und Arbeit (BMWi) hat von der Verordnungsermächtigung durch Erlass der „Verordnung über die Voraussetzungen der Anerkennung von Studiengängen nach § 8a der Wirtschaftsprüferordnung und über die Anrechnung von Prüfungsleistungen aus Studiengängen nach § 13b der Wirtschaftsprüferordnung (Wirtschaftsprüfungsexamens-Anrechnungsverordnung – WPAnrV)" vom 27.5.2005 Gebrauch gemacht. Die Wirtschaftsprüfungsexamens-Anrechnungsverordnung wurde zwischenzeitlich mehrfach geändert, zuletzt durch Artikel 4 der Verordnung vom 28.4.2016 (BGBl. I S. 1046).

Ziel dieses Berufszugangsweges ist „eine Modernisierung, Verschlankung und Internationalisierung der Berufszugangsregelungen in der WPO im Sinne der deutschen Hochschulrahmenpolitik der letzten Jahre, die es notwendig macht, auch neue, integrierte Ausbildungsgänge und Studiengestaltungen neben der ‚klassischen' Ausbildung zu berücksichtigen" (BT-Drs. 15/1241, 30).

II. Voraussetzungen

1. Allgemeines

Die Anrechnung von Prüfungsleistungen aus einem Hochschulstudium setzt eine Anerkennung des Studiengangs als zur Ausbildung von Wirtschaftsprüfern besonders geeignet voraus. § 8a WPO begrenzt die Anrechnung von Studienleistungen auf bestimmte Studiengänge und schließt die Anrechnung in anderen Studiengängen erbrachter Prüfungsleistungen aus.

2. Studieninhalte

Studiengänge nach § 8a WPO müssen alle Wissensgebiete nach § 4 der Wirtschaftsprüferprüfungsverordnung (WiPrPrüfV) umfassen. Entsprechend bestimmt § 2 Abs. 1 Satz 3 WPAnrV, dass ein solcher Studiengang folgende wesentliche Lehrinhalte umfassen muss:

- das wirtschaftliche Prüfungswesen, die Unternehmensbewertung und das Berufsrecht,
- die angewandte Betriebswirtschaftslehre und Volkswirtschaftslehre,
- das Wirtschaftsrecht und
- das Steuerrecht.

Eine Verringerung der Studieninhalte durch die Anrechnung von anderweitig erbrachten Prüfungsleistungen ist nicht möglich. Bei Absolventen eines Studiengangs nach § 8a WPO, die beispielsweise auch die Steuerberaterprüfung bestanden haben, kann dies nur im Wirtschaftsprüfungsexamen berücksichtigt werden. Nur dort entfällt in diesen Fällen auch die schriftliche und mündliche Prüfung im „Steuerrecht".

3. Studienabschluss

Die Studiengänge müssen mit einer Hochschulprüfung oder einer staatlichen Prüfung abschließen.

4. Prüfungsanforderungen

Prüfungen in diesen Studiengängen müssen in Inhalt, Form und Umfang einer Prüfung im Wirtschaftsprüfungsexamen entsprechen.

Das setzt u. a. voraus, dass jedes Teilgebiet der vier Prüfungsgebiete wie im Wirtschaftsprüfungsexamen Gegenstand nicht nur einer schriftlichen, sondern auch einer mündlichen Prüfung sein kann. Die Modularisierung von Studiengängen hat dazu geführt, dass an Hochschulen mündliche Prüfungen kaum oder zum Teil auch gar nicht mehr stattfinden. Dennoch müssen in allen Modulen, die für die Feststellung der Gleichwertigkeit inhaltlich erforderlich sind, auch mündliche Prüfungen durchgeführt werden oder es müssen modulübergreifende mündliche Prüfungen vorgesehen werden, in denen die Fragen wie im Wirtschaftsprüfungsexamen dem gesamten relevanten Prüfungsgebiet entnommen werden können.

Schriftliche Prüfungen entsprechen dann nicht der Form der schriftlichen Prüfung im Wirtschaftsprüfungsexamen, wenn sie im Antwort-Wahl-Verfahren durchgeführt werden.

III. Anrechnung von Leistungsnachweisen

Leistungsnachweise („Scheine"), die in Prüfungen an der Hochschule nach § 8a Abs. 1 Nr. 3 WPO erbracht wurden, ersetzen die entsprechenden Prüfungen im Wirtschaftsprüfungsexamen. § 6 Abs. 3 Satz 1 WPAnrV begrenzt die Anrechnung auf Leistungsnachweise in den Prüfungsgebieten „Angewandte Betriebswirtschaftslehre, Volkswirtschaftslehre" und „Wirtschaftsrecht".

Voraussetzung für die Anrechnung von Leistungsnachweisen ist deren Vorlage bei der Prüfungsstelle für das Wirtschaftsprüfungsexamen bei der Wirtschaftsprüferkammer (Prüfungsstelle).

IV. Umsetzung durch die Wirtschaftsprüfungsexamens-Anrechnungsverordnung

1. Allgemeines

Das BMWK hat durch Erlass der Wirtschaftsprüfungsexamens-Anrechnungsverordnung von der Ermächtigung nach § 8a Abs. 3 WPO Gebrauch gemacht. Teil 1 der Verordnung regelt die Anerkennung von Studiengängen nach § 8a WPO.

2. Beschränkung auf Masterstudiengänge

Die Wirtschaftsprüferordnung enthält keine Regelungen zur Art der Studiengänge, die als zur Ausbildung von Wirtschaftsprüfern besonders geeignet anerkannt werden können. § 1 WPAnrV beschränkt die Möglichkeit der Anerkennung auf Masterstudiengänge. Die Anerkennung von Bachelor-, Diplom-, Staatsexamens- oder sonstigen Studiengängen wird dadurch ausgeschlossen.

3. Ausgestaltung des Masterstudiengangs

Die Anerkennung eines Masterstudiengangs setzt voraus, dass dessen Prüfungsordnung vier Theoriesemester vorsieht (§ 3 Nr. 3 WPAnrV). Diese Voraussetzung ist dann erfüllt, wenn zum erfolgreichen Abschluss des Studiengangs nicht weniger als 120 ECTS-Punkte erreicht werden müssen. ECTS ist das Europäische System zur Übertragung und Akkumulierung von Studienleistungen (European Credit Transfer and Accumulation System). Der Studiengang darf keine Praxissemester beinhalten. Ein berufsbegleitendes Teilzeitstudium ist zulässig.

Der Zugang zu dem Masterstudiengang setzt das Bestehen einer Zugangsprüfung voraus (§ 3 Nr. 2 WPAnrV). Die Zugangsprüfung muss wirtschaftsprüfungsrelevante Anteile berücksichtigen. Die gesamten Inhalte des Wirtschaftsprüfungsexamens können nicht ausschließlich in einem viersemestrigen Masterstudium vermittelt werden. Sie müssen daher bereits zum Teil zuvor, in einem Studium oder anderweitig, erlernt werden. Zweck der Zugangsprüfung ist festzustellen, ob dieses ausreichend geschehen ist.

Die Teilnahme an der Zugangsprüfung setzt einen ersten berufsqualifizieren-den Abschluss voraus (§ 3 Nr. 1 WPAnrV).

Die Art des ersten berufsqualifizierenden Abschlusses hat der Verordnungs-geber offen gelassen. Es kann sich um einen Bachelor-, Diplom-, mit einem Staatsexamen abschließenden oder sonstigen Studiengang handeln.

Die Wirtschaftsprüfungsexamens-Anrechnungsverordnung enthält keine Re-gelung zu der fachlichen Ausrichtung des ersten berufsqualifizierenden Ab-schlusses. Es gibt keine gesetzliche Vorgabe, dass es sich hierbei um ein wirt-schaftswissenschaftliches Studium handeln muss. Es empfiehlt sich jedoch ei-ne breite wirtschaftswissenschaftliche Grundausbildung, die dem Niveau eines wirtschaftswissenschaftlichen Bachelorstudiums entspricht. Idealerweise führt der Ausbildungsweg über § 8a WPO daher über ein Bachelorstudium der Betriebswirtschaftslehre. Soweit dies hochschulrechtlich zulässig ist, kann eine Hochschule den Zugang zu einem Masterstudiengang nach § 8a WPO davon abhängig machen, dass der erste Studienabschluss in einem wirtschafts-wissenschaftlichen Studium erlangt wurde.

Die für die Aufnahme des Studiums erforderliche berufsbezogene und min-destens sechsmonatige Praxiszeit kann in eine drei Monate (Tätigkeit gemäß § 9 Abs. 1 WPO) dauernde und nicht näher definierte praktische Ausbildung und in eine mindestens drei Monate dauernde Prüfungstätigkeit gemäß § 9 Abs. 2 WPO (§ 3 Nr. 1 WPAnrV) aufgeteilt sein. Die Prüfungstätigkeit kann als „qualifizierte Tätigkeit" innerhalb der gesamten mindestens sechsmonati-gen Tätigkeit einen längeren Zeitraum umfassen, die Mindestdauer von drei Monaten Prüfungstätigkeit darf hingegen nicht unterschritten werden. Die gesamte Praxiszeit muss nach Erwerb des ersten berufsqualifizierenden Ab-schlusses durchlaufen werden. Praxissemester aus dem ersten Studium oder praktische Tätigkeiten während des Erststudiums werden nicht berücksich-tigt. Die Praxiszeit muss vor Beginn des Studiums abgeleistet sein (§ 3 Nr. 2 WPAnrV).

4. Anerkennung des Masterstudiengangs

Die Anerkennung gemäß § 8a Abs. 1 WPO, dass ein Masterstudiengang zur Ausbildung von Wirtschaftsprüfern besonders geeignet ist, erfolgt durch Ak-kreditierung auf Antrag der Hochschule (§ 5 Abs. 1 WPAnrV). Der Akkredi-tierungsantrag enthält in der Regel die Formulierung des Antrages, eine Be-schreibung des Studiengangs sowie detaillierte Angaben zur inhaltlichen Gestaltung des Studiums. Die Angemessenheit der Lehrveranstaltungen sowie die geeignete Auswahl der Themen sind in Form von Modulbeschreibungen nachzuweisen.

Eine Übersicht über anerkannte Studiengänge erfolgt im 2. Teil dieses Buches. Eine aktuelle Übersicht veröffentlicht die Wirtschaftsprüferkammer (WPK) im Internet (www.wpk.de), dort unter „Nachwuchs" → „Examen" → „Hochschulen" → „Studiengänge nach § 8a WPO".

Die für die Anerkennung zuständige Stelle gemäß § 8a Abs. 3 Satz 1 WPO ist eine vom Akkreditierungsrat, einer Stiftung zur Akkreditierung von Studiengängen in Deutschland, zugelassene (Akkreditierungs-)Agentur (§ 5 Abs. 1 WPAnrV).

Die Feststellung, ob ein Masterstudiengang zur Ausbildung von Wirtschaftsprüfern besonders geeignet ist, setzt die Mitwirkung je eines Vertreters oder Beauftragten des BMWK, der Finanzverwaltung und der WPK voraus (§ 5 Abs. 2 WPAnrV). Die Entscheidung, ob ein Masterstudiengang zur Ausbildung von Wirtschaftsprüfern besonders geeignet ist, bedarf der Zustimmung von mindestens zwei dieser Vertreter oder Beauftragten (§ 5 Abs. 2 Satz 2 WPAnrV).

5. Referenzrahmen

Ob ein Masterstudiengang für die Ausbildung von Wirtschaftsprüfern besonders geeignet ist, wird auf Grundlage eines Referenzrahmens beurteilt (§ 4 WPAnrV). Das damalige BMWi hat gemäß § 4 Abs. 2 Satz 6 WPAnrV am 29.11.2016 die Neufassung des Referenzrahmens für verbindlich erklärt. Er wird von der Prüfungsstelle elektronisch geführt und zugänglich gemacht (§ 4 Abs. 2 Satz 7 WPAnrV – siehe Referenzrahmen für die Anerkennung von Studiengängen nach § 8a Gesetz über eine Berufsordnung der Wirtschaftsprüfer (Wirtschaftsprüferordnung – WPO) und die Anrechnung von Prüfungsleistungen nach § 13b WPO, S. 35 ff.).

Der Referenzrahmen regelt die Anforderungen an die einzelnen Studien- und Prüfungsziele des Masterstudiengangs sowie an den Inhalt der Zugangsprüfung (§ 4 Abs. 1 WPAnrV). Die Neufassung des Referenzrahmens ist von dem hierfür zuständigen Gremium erarbeitet und beschlossen worden. Es besteht aus je einem Vertreter oder einer Vertreterin der Aufgabenkommission, der Finanzverwaltung, der WPK, einer oder einem Beauftragten des BMWK sowie je zwei Vertretern oder Vertreterinnen des Berufsstandes, d. h. Wirtschafts-prüfern oder Wirtschaftsprüferinnen, und der Hochschulen (§ 4 Abs. 2 Satz 1 WPAnrV). Hierbei hat das Gremium den Akkreditierungsrat (s. o. A. IV. 4.) beteiligt, der an den Sitzungen des Gremiums beratend teilnehmen kann. Der novellierte Referenzrahmen hat die zuvor geltende Fassung aus dem Jahr 2006 ersetzt.

6. Curricula

Das Gremium ist auch berechtigt, unverbindliche Lehrpläne (Curricula) zu erstellen (§ 4 Abs. 2 Satz 5 WPAnrV).

Gleichzeitig mit der Neufassung des Referenzrahmens hat das Gremium die Curricula überarbeitet. Sie fassen zu jedem Prüfungsgebiet des Wirtschafts-prüfungsexamens die in einem Hochschulstudium zu erreichenden Lernziele zusammen. Die Curricula ergänzen den Referenzrahmen als Anlage und sind nicht mehr wie zuvor ein zusätzliches Regelwerk.

Die Curricula sollen den Hochschulen, die einen Masterstudiengang im Sinne des § 8a WPO einrichten, Hinweise auf eine angemessene inhaltliche Aufglie-derung und Gewichtung der Studieninhalte geben und sie bei der Umsetzung der Wirtschaftsprüfungsexamens-Anrechnungsverordnung unterstützen.

7. Anrechnung von Leistungen

Die Anrechnung von Leistungen aus einem anerkannten Masterstudiengang auf das Wirtschaftsprüfungsexamen setzt voraus, dass dem Antrag an die Prüfungsstelle auf Zulassung zum Wirtschaftsprüfungsexamen das Zeugnis über den Masterabschluss im Original oder in beglaubigter Abschrift beige-fügt wird (§ 6 WPAnrV). Eine Anrechnung ist daher nur möglich, wenn der Masterstudiengang mit Erfolg abgeschlossen wird.

Zum Zeitpunkt der Antragstellung auf Zulassung zum Wirtschaftsprüfungs-examen darf die Masterabschlussprüfung nicht länger als vier Jahre zurücklie-gen (§ 6 Abs. 2 Satz 2 WPAnrV).

Die Leistungen aus einem Masterstudiengang ersetzen in den Prüfungsgebie-ten „Angewandte Betriebswirtschaftslehre, Volkswirtschaftslehre" und „Wirt-schaftsrecht" die schriftlichen und mündlichen Prüfungen im Wirtschafts-prüfungsexamen (§ 6 Abs. 3 WPAnrV).

Die schriftlichen und mündlichen Prüfungen in den übrigen Prüfungsgebieten „Wirtschaftliches Prüfungswesen, Unternehmensbewertung und Berufsrecht" und „Steuerrecht" müssen wie beim „Normalexamen" vor der Prüfungskommission abgelegt werden (§ 2 WiPrPrüfV). Es empfiehlt sich daher,
in dem Studium nach § 8a WPO auf die besondere Klausurtechnik in diesen
beiden Prüfungsgebieten einzugehen.

Soweit das Wirtschaftsprüfungsexamen zusätzlich nach § 13 WPO (verkürzte
Prüfung für Bewerber, die Steuerberater sind oder die die Prüfung als Steuerberater bestanden haben) um das Prüfungsgebiet „Steuerrecht" verkürzt wird,
ist eine Ergänzungsprüfung ausgeschlossen (§ 6 Abs. 3 Satz 5 WPAnrV i. V. m.
§ 19 Abs. 5 WiPrPrüfV).

Grundsätzlich werden Leistungen aus einem akkreditierten Masterstudiengang auf das Wirtschaftsprüfungsexamen angerechnet. Im Einzelfall kann eine
Anrechnung aber ausgeschlossen sein. Dies kann gemäß § 6 Abs. 4 WPAnrV
insbesondere gerechtfertigt sein, wenn ein Masterstudiengang nach der Akkreditierung wesentlich umgestaltet wurde, so dass die besondere Eignung für
die Ausbildung von Wirtschaftsprüfern ganz oder in Teilen entfallen ist.

V. Zulassung zum Wirtschaftsprüfungsexamen

Für die Zulassung von Absolventen eines Masterstudiengangs nach § 8a WPO
gilt § 9 WPO mit der Maßgabe, dass eine Zulassung zum Wirtschaftsprüfungsexamen unmittelbar nach erfolgreichem Abschluss des Masterstudiums
möglich ist, ohne dass es des vollständigen Nachweises der nach § 9 WPO erforderlichen Tätigkeit und Prüfungstätigkeit bedarf. Dies ergibt sich aus § 9
Abs. 6 WPO. Ein Bewerber, der einen nach § 8a WPO anerkannten Studiengang erfolgreich abgeschlossen hat, kann daher jederzeit die Zulassung zum
Wirtschaftsprüfungsexamen beantragen, auch wenn er die nach § 9 Abs. 1
und Abs. 2 WPO vorgeschriebene Tätigkeit und Prüfungstätigkeit noch nicht
vollständig erbracht hat. Die praktische Relevanz dieser Möglichkeit ist jedoch, anders als in den ersten Jahren ihres Bestehens, mittlerweile gering, da
die meisten nach § 8a WPO anerkannten Studiengänge berufsbegleitend angeboten werden und die Absolventinnen und Absolventen dadurch in vielen Fällen bereits die erforderliche praktische und Prüfungstätigkeit erfüllt haben.
Ansonsten muss der Bewerber vor der Bestellung als Wirtschaftsprüfer nach-
weisen, dass er insgesamt mindestens drei Jahre gemäß § 9 Abs. 1 WPO tätig

war und dabei auch die erforderliche Prüfungstätigkeit gemäß § 9 Abs. 2 WPO geleistet hat (§ 15 Satz 4 WPO).

B. Anrechnung von Prüfungsleistungen nach § 13b WPO

Von Ass. jur. Henning Tüffers, Leiter der Prüfungsstelle für das WP-Examen bei der Wirtschaftsprüferkammer

I. Allgemeines

§ 13b WPO ist durch das Wirtschaftsprüfungsexamens-Reformgesetz 2004 eingefügt worden. Diese Vorschrift ist Grundlage für die Anrechnung von an einer Hochschule erbrachten Prüfungsleistungen.

§ 13b WPO „hat das Ziel, auf den Beruf des Wirtschaftsprüfers ausgerichtete Theorieangebote der Hochschulen zu fördern, um somit bestimmte Teile, (...), die im Rahmen des Wirtschaftsprüfungsexamens ohnehin erlernt werden müssen, aus dem Hochschulbereich – und damit zur Wahrung der Qualität im staatlichen Bereich belassend – anzurechnen. Damit wird nicht nur das Wirtschaftsprüfungsexamen entlastet, sondern auch (...) notwendiges Mehrfacherlernen desselben Themenstoffes zugunsten einer moderneren, schlanken und zügigeren Ausbildung vermieden" (BT-Drs. 15/1241, 32 f.).

II. Anwendungsbereich

§ 13b WPO ist Grundlage für die Anrechnung von Prüfungsleistungen aus den Prüfungsgebieten „Angewandte Betriebswirtschaftslehre, Volkswirtschaftslehre" und „Wirtschaftsrecht". Eine Anrechnung von im Rahmen eines Studiums erbrachten Prüfungsleistungen aus den Gebieten „Wirtschaftliches Prüfungswesen, Unternehmensbewertung und Berufsrecht" und „Steuerrecht" ist nicht möglich.

III. Wirtschaftsprüfungsexamens-Anrechnungsverordnung

1. Allgemeines

Die Einzelheiten der Anrechnung von Prüfungsleistungen auf das Wirtschaftsprüfungsexamen regelt § 13b WPO nicht. Die Vorschrift ermächtigt das BMWK, die inhaltlichen und formalen Voraussetzungen für die Feststellung der Gleichwertigkeit und das Verfahren in einer Rechtsverordnung festzulegen. Der Bundesrat muss der Verordnung zustimmen.

Das damalige BMWi hat von der Verordnungsermächtigung durch Erlass der Wirtschaftsprüfungsexamens-Anrechnungsverordnung Gebrauch gemacht.

Teil 2 der Wirtschaftsprüfungsexamens-Anrechnungsverordnung regelt in Umsetzung des § 13b WPO die verkürzte Prüfung nach Anrechnung gleichwertiger Prüfungsleistungen. Es werden die Voraussetzungen und das Verfahren für die Anrechnung von Hochschulprüfungen in einem oder beiden der Prüfungsgebiete „Angewandte Betriebswirtschaftslehre, Volkswirtschaftslehre" und „Wirtschaftsrecht" auf das Wirtschaftsprüfungsexamen geregelt.

2. Voraussetzungen der Anrechnung

Leistungsnachweise für schriftliche und mündliche Prüfungen in einem oder beiden der Prüfungsgebiete „Angewandte Betriebswirtschaftslehre, Volkswirtschaftslehre" und „Wirtschaftsrecht", die in einem Studium erbracht worden sind, werden gemäß § 7 Abs. 1 Satz 1 WPAnrV auf das Wirtschaftsprüfungsexamen angerechnet, wenn

- die Prüfungen als gleichwertig festgestellt werden,
- das gewählte Haupt- oder Schwerpunktfach den wesentlichen Inhalten eines oder beider Prüfungsgebiete „Angewandte Betriebswirtschaftslehre, Volkswirtschaftslehre" und „Wirtschaftsrecht" entspricht und
- hierin Prüfungsleistungen erbracht worden sind.

Gleichwertigkeit ist dann gegeben, wenn die Prüfungen nach ihrem Inhalt, ihrer Form und ihrem gesamten zeitlichen Umfang denen des Wirtschaftsprüfungsexamens im Ergebnis gleichzusetzen sind (§ 7 Abs. 2 Satz 2 WPAnrV). Hierbei sind – anders als im Wirtschaftsprüfungsexamen – bei schriftlichen Prüfungen keine „großen Abschlussklausuren" erforderlich. Mehrere schriftliche Prüfungen, in der Regel mehrere Modulprüfungen, reichen aus, wenn ihr zeitlicher Umfang insgesamt der (Mindest-)Dauer der schriftlichen Prüfung im Wirtschaftsprüfungsexamen entspricht. Bei mündlichen Prüfungen werden nicht nur „klassische" mündliche Prüfungen der Form nach als gleichwertig anerkannt, sondern auch andere mündliche Prüfungsformen wie z. B. Referate und Kolloquien. Voraussetzung ist, dass es sich um bewertete Prüfungsleistungen handelt.

Weitere Voraussetzung ist, dass jedes Teilgebiet des anzurechnenden Prüfungsgebietes – „Angewandte Betriebswirtschaftslehre, Volkswirtschaftslehre" oder „Wirtschaftsrecht" – wie im Wirtschaftsprüfungsexamen Gegenstand nicht nur einer schriftlichen, sondern auch einer mündlichen Prüfung sein kann. Die Modularisierung von Studiengängen hat dazu geführt, dass an Hochschulen mündliche Prüfungen kaum oder zum Teil auch gar nicht mehr stattfinden. Daher müssen in allen Modulen, die für die Feststellung der Gleichwertigkeit inhaltlich erforderlich sind, auch mündliche Prüfungen durchgeführt werden oder es müssen modulübergreifende mündliche Prüfungen vorgesehen werden, in denen die Fragen – wie im Wirtschaftsprüfungsexamen – dem gesamten relevanten Prüfungsgebiet entnommen werden können.

Schriftliche Prüfungen entsprechen dann nicht der Form der schriftlichen Prüfung im Wirtschaftsprüfungsexamen, wenn sie im Antwort-Wahl-Verfahren durchgeführt werden.

Die Gleichwertigkeit wird anhand des Referenzrahmens (s. o. A. IV. 5.) und darauf basierender Lehrpläne (Curricula) (s. o. A. IV. 6.) beurteilt (§ 7 Abs. 2 Satz 3 WPAnrV).

Die Wirtschaftsprüfungsexamens-Anrechnungsverordnung beschränkt die Anrechnung nicht auf bestimmte Studiengänge. Es kann sich um in- oder ausländische Studiengänge handeln (§ 7 Abs. 1 Satz 1 WPAnrV).

Durch die Wirtschaftsprüfungsexamens-Anrechnungsverordnung wird keine bestimmte fachliche Ausrichtung der Studiengänge vorgegeben. Da das gewählte Haupt- oder Schwerpunktfach gemäß § 7 Abs. 1 Satz 1 Nr. 2 WPAnrV den wesentlichen Inhalten eines oder beider Prüfungsgebiete „Angewandte Betriebswirtschaftslehre, Volkswirtschaftslehre" und „Wirtschaftsrecht" entsprechen muss, muss es sich aber um einen wirtschafts- und bzw. oder rechtswissenschaftlich oder wirtschaftsrechtlich ausgerichteten Studiengang handeln.

Zur Art des Studiengangs enthält die Wirtschaftsprüfungsexamens-Anrechnungsverordnung ebenfalls keine Vorgaben. Grundsätzlich können Prüfungen aus jedem hochschulrechtlich möglichen Studiengang angerechnet werden. Eine Beschränkung auf bestimmte Studiengänge gilt im Gegensatz zur Umsetzung des § 8a WPO nicht. Anrechenbar sind damit grundsätzlich Prüfungen aus Bachelor-, Master-, Diplom-, Staatsexamens- oder sonstigen Studiengängen.

3. Verfahren der Anrechnung

Die Gleichwertigkeit von Prüfungen und deren Anrechnung auf das Wirtschaftsprüfungsexamen stellt die Prüfungsstelle im Zulassungsverfahren zum Wirtschaftsprüfungsexamen fest (§ 9 Abs. 1 Satz 1 WPAnrV).

Die Feststellung kann auf zwei verschiedenen Wegen erfolgen: entweder gemäß § 9 Abs. 1 Satz 2 WPAnrV auf Grundlage einer zuvor einer Hochschule erteilten Bestätigung oder aufgrund einer (Einzel-)Feststellung zur Anrechnung einzelner Leistungsnachweise.

Die sog. Hochschulbestätigung ist eine Feststellung der Prüfungsstelle, dass schriftliche und mündliche Prüfungen einer Hochschule dem Grundsatz nach den Prüfungen im Wirtschaftsprüfungsexamen als gleichwertig gelten (§ 8 Abs. 1 WPAnrV).

Die Bestätigung wird einer Hochschule auf Antrag erteilt (§ 8 Abs. 1 Satz 1 WPAnrV). Eine aktuelle Übersicht der Hochschulen, denen eine Bestätigung erteilt worden ist, veröffentlicht die WPK im Internet (www.wpk.de), dort unter „Nachwuchs" → „Examen" → „Hochschulen" → „Studiengänge nach § 13b WPO".

Die Bestätigung ist gemäß § 8 Abs. 1 Satz 2 WPAnrV verbindlich. Wenn ein Studiengang nach Erteilung der Bestätigung wesentlich umgestaltet wurde, kann gemäß § 9 Abs. 6 Satz 3 WPAnrV jedoch die Anrechnung von Prüfungsleistungen abgelehnt werden. Nach Maßgabe der Gebührenordnung der WPK ist die Bestätigung kostenpflichtig (§ 8 Abs. 2 WPAnrV).

Wenn einer Hochschule keine Bestätigung erteilt wurde, erfolgt die Feststellung der Anrechnung anhand einzelner Leistungsnachweise. Die Anrechnung ist allerdings nur dann möglich, wenn das Studium, in dem die Leistungen erbracht wurden, bis zum 17.6.2009 begonnen wurde (§ 10 Abs. 3 WPAnrV).

Bei einem Studienbeginn ab dem 18.6.2009 ist die vorherige Erteilung einer „Hochschulbestätigung" zwingend erforderlich.

Die Leistungsnachweise sind unabhängig davon, ob eine sog. „Hochschulbestätigung" erteilt worden ist, der Prüfungsstelle im Zulassungsverfahren zum Wirtschaftsprüfungsexamen von dem Antragsteller im Original oder in beglaubigter Abschrift vorzulegen (§ 9 Abs. 2 Satz 1 WPAnrV).

Das Studium muss mit Erfolg abgeschlossen worden sein; hieraus ergibt sich, dass es nicht um die Anrechnung isolierter Prüfungsleistungen geht, sondern um Prüfungsleistungen aus einem konkreten Studium. Eine Anrechnung ist daher immer nur dann möglich, wenn es sich um Prüfungen aus einem tatsächlich studierten Studiengang handelt. Prüfungen, die z.B. als Gasthörer oder im Rahmen von Externenprüfungen erbracht werden, können nicht angerechnet werden.

Der erfolgreiche Studienabschluss darf zum Zeitpunkt der Antragstellung auf Zulassung zum Wirtschaftsprüfungsexamen nicht länger als acht Jahre zurückliegen (§ 9 Abs. 2 Satz 2 WPAnrV). Wenn für die Feststellung der Gleichwertigkeit sowohl Prüfungen aus einem Bachelor- als auch aus einem Masterstudium erforderlich sind, beginnt der Lauf der Acht-Jahres-Frist bereits mit Abschluss des Bachelorstudiums.

4. Folge der Anrechnung

Im Falle der Anrechnung von Prüfungsleistungen entfallen im Wirtschaftsprüfungsexamen die schriftlichen und mündlichen Prüfungen auf einem oder beiden der Prüfungsgebiete „Angewandte Betriebswirtschaftslehre, Volkswirtschaftslehre" und „Wirtschaftsrecht".

Soweit im Wirtschaftsprüfungsexamen aufgrund der Anrechnung beide Prüfungsgebiete entfallen und das Wirtschaftsprüfungsexamen zusätzlich nach § 13 WPO (verkürzte Prüfung für Bewerber, die Steuerberater sind oder die die Prüfung als Steuerberater bestanden haben) um das Prüfungsgebiet „Steuerrecht" verkürzt wird, ist eine Ergänzungsprüfung ausgeschlossen (§ 9 Abs. 5 WPAnrV i.V.m. § 19 Abs. 5 WiPrPrüfV).

5. Ausschluss der Anrechnung

Die Anrechnung von Prüfungsleistungen nach § 13b WPO ist ausgeschlossen, wenn die Prüfungsleistungen bereits vor Inkrafttreten der Wirtschaftsprüfungsexamens-Anrechnungsverordnung am 8.6.2005 erbracht worden sind.

Verordnung über die Voraussetzungen der Anerkennung von Studiengängen nach § 8a der Wirtschaftsprüferordnung und über die Anrechnung von Prüfungsleistungen aus Studiengängen nach § 13b der Wirtschaftsprüferordnung (Wirtschaftsprüfungsexamens-Anrechnungsverordnung – WPAnrV)

Vom 27. Mai 2005 (BGBl. I S. 1520)
zuletzt geändert durch Artikel 4 der Verordnung
vom 28. April 2016 (BGBl. I S. 1046)

Auf Grund des § 8a Abs. 3 und des § 13b Satz 3 der Wirtschaftsprüferordnung in der Fassung der Bekanntmachung vom 5. November 1975 (BGBl. I S. 2803), die durch Artikel 1 Nr. 6 und 12 des Gesetzes vom 1. Dezember 2003 (BGBl. I S. 2446) eingefügt worden sind, verordnet das Bundesministerium für Wirtschaft und Arbeit:

Teil 1 Anerkennung von Studiengängen (§ 8a der Wirtschaftsprüferordnung)

§ 1 Besondere Eignung von Masterstudiengängen

[1]Leistungen aus einem Masterstudiengang im Sinn des § 19 des Hochschulrahmengesetzes werden auf das Wirtschaftsprüfungsexamen angerechnet, wenn der Masterstudiengang zur Ausbildung von Wirtschaftsprüfern und Wirtschaftsprüferinnen besonders geeignet ist. [2]Dies ist der Fall, wenn er den Anforderungen dieser Verordnung entspricht und akkreditiert ist (Anerkennung im Sinn des § 8a Abs. 1 der Wirtschaftsprüferordnung).

§ 2 Anerkennungsgrundlagen

(1) [1]Die Anerkennung eines Masterstudiengangs nach § 1 Satz 2 setzt voraus, dass mit dem Studiengang das Ziel erreicht wird, den Studierenden die Kenntnisse und Fähigkeiten zu vermitteln, die dem Berufsprofil des Wirtschaftsprüfers oder der Wirtschaftsprüferin entsprechen. [2]Künftige Berufsangehörige müssen am Ende ihrer Ausbildung insbesondere die Fähigkeit zur Durchführung betriebswirtschaftlicher Prüfungen sowie in den Tätigkeitsbereichen der Steuer- und Wirtschaftsberatung und der Rechtsdienstleistung die Kenntnisse und Fertigkeiten erworben haben, um Mandantenaufträge erledigen und interdisziplinäre Fragestellungen lösen zu können. [3]Der Masterstudiengang muss dazu folgende wesentliche Lehrinhalte umfassen:

1. das wirtschaftliche Prüfungswesen, die Unternehmensbewertung und das Berufsrecht,

2. die angewandte Betriebswirtschaftslehre und Volkswirtschaftslehre,

3. das Wirtschaftsrecht und

4. das Steuerrecht.

(2) [1]Das Lehrangebot muss die theoretischen und praktischen Aspekte der Ausbildung des Wirtschaftsprüfers oder der Wirtschaftsprüferin in ausgewogener Form berücksichtigen, hohe Anforderungen an eine umfassende Entwicklung der erforderlichen sozialen Kompetenz stellen und die in Absatz 1 genannten Kenntnisse und Fähigkeiten mit folgenden Ausprägungen vermitteln:

1. Grundwissen: Studierende kennen die wesentlichen Definitionen und können die herrschende Meinung wiedergeben.

2. Verständnis: Studierende können das Wissen ordnen und es systematisch wiedergeben sowie Probleme erkennen.

3. Anwendung: Studierende können das erworbene Wissen anwenden und eigene Berechnungen sowie Interpretationen erstellen; sie können Einzelfälle angemessen beurteilen und die Ergebnisse auswerten.

4. Analyse: Studierende können komplexe Problemstellungen erkennen und auf Grundlage der erworbenen Erfahrung analysieren.

5. Synthese: Studierende können korrigierend in Prozesse eingreifen, neue Vorgehensweisen entwickeln und Verbesserungsvorschläge unterbreiten; dazu gehört auch die Fähigkeit, die eigene Leistung angemessen darzustellen und lösungsorientiert weiterzuentwickeln.

6. Bewertung: Studierende können Werturteile abgeben, Vergleiche heranziehen und richtige Schlussfolgerungen ziehen, sie können Prognosen erstellen und die eigenen Aussagen rechtfertigen.

[2]Diese Ausprägungen enthalten noch keine berufliche Spezialisierung, da diese erst nach der Bestellung zum Wirtschaftsprüfer oder zur Wirtschaftsprüferin durch Praxiserfahrung und Fortbildung entwickelt wird.

§ 3 Anforderungen an den Zugang zum Masterstudiengang und dessen Ausgestaltung

Die Anerkennung eines Masterstudiengangs nach § 1 Satz 2 setzt voraus, dass die Prüfungsordnung

1. den Nachweis über die Ableistung von drei Monaten Tätigkeit gemäß § 9 Abs. 1 der Wirtschaftsprüferordnung und drei Monaten Prüfungstätigkeit gemäß § 9 Abs. 2 der Wirtschaftsprüferordnung (Praxiszeit) nach Erwerb des ersten berufsqualifizierenden Abschlusses, aber vor Beginn des Masterstudiengangs vorsieht;

2. das Bestehen einer Zugangsprüfung, die wirtschaftsprüfungsrelevante Anteile berücksichtigt, vorsieht; vor Beginn des Studiums muss die Praxiszeit abgeleistet sein;

3. für den Masterstudiengang vier Theoriesemester vorsieht;

4. vorsieht, dass die Masterabschlussarbeit in dem Prüfungsgebiet „Wirtschaftliches Prüfungswesen, Unternehmensbewertung und Berufsrecht" geschrieben wird.

§ 4 Referenzrahmen

(1) Die Anforderungen an die einzelnen Studien- und Prüfungsziele des Masterstudiengangs auf Grundlage der in § 2 genannten Anerkennungsgrundlagen sowie an den Inhalt der Zugangsprüfung nach § 3 Nr. 2 ergeben sich aus einem fachspezifisch konkretisierten Referenzrahmen; die Prüfungsordnungen der Hochschulen bleiben unberührt.

(2) [1]Der Referenzrahmen wird von einem Gremium bestehend aus je einem Vertreter oder einer Vertreterin der Aufgabenkommission nach § 8 der Wirtschaftsprüferprüfungsverordnung, der Finanzverwaltung, der Wirtschafts-

prüferkammer, einer oder einem Beauftragten des Bundesministeriums für Wirtschaft und Energie sowie je zwei Vertretern oder Vertreterinnen des Berufsstandes und der Hochschulen erarbeitet und beschlossen. [2]Der Akkreditierungsrat kann beratend an den Sitzungen des Gremiums teilnehmen. [3]Vor einer Anpassung des Referenzrahmens soll dem Akkreditierungsrat Gelegenheit zur Stellungnahme gegeben werden. [4]Die Wirtschaftsprüferkammer ernennt die Mitglieder des Gremiums im Einvernehmen mit dem Bundesministerium für Wirtschaft und Energie. [5]Das Gremium ist auch berechtigt, unverbindliche Lehrpläne (Curricula) zu erstellen. [6]Das Bundesministerium für Wirtschaft und Energie erklärt den Referenzrahmen gegenüber den in § 5 Abs. 2 Satz 1 genannten Vertretern und Vertreterinnen für verbindlich. [7]Der Referenzrahmen wird von der Prüfungsstelle elektronisch geführt und zugänglich gemacht.

§ 5 Akkreditierung

(1) Die Akkreditierung und Reakkreditierung des Masterstudiengangs unter Berücksichtigung der Anforderungen dieser Verordnung erfolgt auf Antrag der Hochschule durch eine vom Akkreditierungsrat akkreditierte Agentur; diese ist die für die Anerkennung zuständige Stelle im Sinn des § 8a Abs. 3 Satz 1 der Wirtschaftsprüferordnung.

(2) [1]Wenn gemäß dem Antrag der Hochschule im Akkreditierungsverfahren festgestellt werden soll, ob der Masterstudiengang zur Ausbildung von Wirtschaftsprüfern und Wirtschaftsprüferinnen besonders geeignet ist, müssen bei der Akkreditierung je ein Vertreter oder Beauftragter oder eine Vertreterin oder Beauftragte des Bundesministeriums für Wirtschaft und Energie, der Finanzverwaltung und der Wirtschaftsprüferkammer mitwirken. [2]Die Entscheidung nach Satz 1 bedarf der Zustimmung von mindestens zwei Vertretern oder Beauftragten. [3]Im Fall der Zustimmung ist eine Anrechnung von Leistungen aus dem Masterstudiengang auf das Wirtschaftsprüfungsexamen möglich und wird in die Akkreditierung folgender Zusatz aufgenommen: „Leistungen aus dem Masterstudiengang können in den Prüfungsgebieten „Angewandte Betriebswirtschaftslehre, Volkswirtschaftslehre" und „Wirtschaftsrecht" des Wirtschaftsprüfungsexamens angerechnet werden".

§ 6 Anrechnung von Leistungen aus dem Masterstudiengang auf das Wirtschaftsprüfungsexamen und Anrechnungsverfahren

(1) [1]Die Prüfungsstelle stellt auf Grundlage der Akkreditierung des Masterstudiengangs gemäß § 5 die Anrechnung von Leistungen auf das Wirtschaftsprüfungsexamen fest. [2]Sie lässt die antragstellende Person zum Wirtschaftsprüfungsexamen im Umfang des Absatzes 3 zu und lädt sie gemäß § 9 Abs. 6 Satz 2 der Wirtschaftsprüferordnung zum nächstmöglichen Prüfungstermin.

(2) [1]Dem Antrag an die Prüfungsstelle gemäß § 1 oder § 25 der Wirtschaftsprüferprüfungsverordnung ist das Zeugnis über den Masterabschluss im Original oder in beglaubigter Abschrift beizufügen. [2]Die Masterabschlussprüfung darf zum Zeitpunkt der Antragstellung auf Zulassung zum Wirtschaftsprüfungsexamen nicht länger als vier Jahre zurückliegen.

(3) [1]Die Anrechnung ersetzt die schriftlichen und mündlichen Prüfungen in den Prüfungsgebieten „Angewandte Betriebswirtschaftslehre, Volkswirtschaftslehre" und „Wirtschaftsrecht". [2]Der Kurzvortrag sowie die schriftlichen und mündlichen Prüfungen in den Prüfungsgebieten „Wirtschaftliches Prüfungswesen, Unternehmensbewertung und Berufsrecht" und „Steuerrecht" müssen vor der Prüfungskommission nach § 2 der Wirtschaftsprüferprüfungsverordnung nach Wahl der Prüfungsstelle auch in Sonderprüfungsterminen abgelegt werden. [3]Dies gilt auch für Rücktrittsfolge- und Wiederholungsprüfungen in den Prüfungsgebieten „Wirtschaftliches Prüfungswesen, Unternehmensbewertung und Berufsrecht" und „Steuerrecht". [4]In den Fällen der Sätze 2 und 3 dauert die mündliche Prüfung 60 Minuten. [5]§ 19 Abs. 5 der Wirtschaftsprüferprüfungsverordnung findet Anwendung.

(4) [1]Wenn eine Anrechnung im Einzelfall voraussichtlich nicht erfolgen kann, ist der Hochschule, die das Zeugnis über den Masterabschluss ausgestellt hat, Gelegenheit zur Stellungnahme zu geben. [2]Erfolgt danach keine Anrechnung, teilt die Prüfungsstelle dies der antragstellenden Person schriftlich oder elektronisch mit. [3]Die Ablehnung einer Anrechnung kann insbesondere gerechtfertigt sein, wenn der Masterstudiengang nach der Akkreditierung wesentlich umgestaltet wird, so dass eine besondere Eignung nach § 1 ganz oder in Teilen entfallen ist. [4]Für das Widerspruchsverfahren gilt § 5 Abs. 5 der Wirtschaftsprüferordnung entsprechend.

Teil 2 Verkürzte Prüfung nach Anrechnung gleichwertiger Prüfungsleistungen (§ 13b Wirtschaftsprüferordnung)

§ 7 Voraussetzungen der Anrechnung

(1) [1]Leistungsnachweise für schriftliche und mündliche Prüfungen in einem oder beiden der Prüfungsgebiete „Angewandte Betriebswirtschaftslehre, Volkswirtschaftslehre" und „Wirtschaftsrecht" eines in- oder ausländischen Studiengangs, der nicht nach Teil 1 anerkannt sein muss, werden auf das Wirtschaftsprüfungsexamen angerechnet, wenn

1. die Prüfungen als gleichwertig festgestellt werden,

2. das gewählte Haupt- oder Schwerpunktfach den wesentlichen Inhalten eines oder beider Prüfungsgebiete „Angewandte Betriebswirtschaftslehre, Volkswirtschaftslehre" und „Wirtschaftsrecht" entspricht und

3. hierin Prüfungsleistungen erbracht worden sind.

[2]§ 8 Abs. 3 der Wirtschaftsprüferordnung bleibt unberührt.

(2) [1]Schriftliche und mündliche Prüfungen sind nach Absatz 1 Satz 1 Nr. 1 als gleichwertig festzustellen, wenn sie solchen des Wirtschaftsprüfungsexamens entsprechen. [2]Dies ist gegeben, wenn die Prüfungen nach

1. ihrem Inhalt gemäß den §§ 4 und 15 Abs. 1 der Wirtschaftsprüferprüfungsverordnung in Verbindung mit den Anerkennungsgrundlagen und dem Referenzrahmen nach dieser Verordnung,

2. ihrer Form gemäß den §§ 10 und 15 Abs. 2, 4 und 5 der Wirtschaftsprüferprüfungsverordnung und

3. ihrem gesamten zeitlichen Umfang gemäß § 7 Abs. 2 und § 15 Abs. 3 der Wirtschaftsprüferprüfungsverordnung

im Ergebnis gleichzusetzen sind. [3]Die Gleichwertigkeit ist anhand des Referenzrahmens nach § 4 Abs. 1 und, soweit verfügbar, darauf basierender Lehrpläne (Curricula) nach § 4 Abs. 2 Satz 2 zu beurteilen.

§ 8 Bestätigung der Gleichwertigkeit an die Hochschule

(1) [1]Die Hochschule kann vor jedem Semester oder Hochschuljahr vorab bei der Prüfungsstelle eine Bestätigung beantragen, aus der hervorgeht, dass die zur Anrechnung vorgesehenen schriftlichen und mündlichen Prüfungen dem

Grundsatz nach als gleichwertig gemäß § 7 Abs. 2 gelten (Bestätigung). [2]Die Bestätigung an die Hochschule ist verbindlich; § 9 Abs. 6 bleibt unberührt.

(2) Die Bestätigung der Prüfungsstelle ist nach Maßgabe der Gebührenordnung der Wirtschaftsprüferkammer kostenpflichtig.

(3) [1]Kann eine Bestätigung nicht erteilt werden, so teilt die Prüfungsstelle dies der Hochschule schriftlich oder elektronisch mit. [2]Für das Widerspruchsverfahren gilt § 5 Abs. 5 der Wirtschaftsprüferordnung entsprechend.

§ 9 Anrechnung auf das Wirtschaftsprüfungsexamen

(1) [1]Die Prüfungsstelle stellt im Zulassungsverfahren zum Wirtschaftsprüfungsexamen die Anrechnung nach § 7 Abs. 1 und die Gleichwertigkeit nach § 7 Abs. 2 fest. [2]Die Feststellung erfolgt auf Grundlage einer Bestätigung gemäß § 8.

(2) [1]Die Leistungsnachweise sind von der antragstellenden Person im Original oder in beglaubigter Abschrift mit dem Antrag nach § 1 oder § 25 der Wirtschaftsprüferprüfungsverordnung vorzulegen. [2]Der erfolgreiche Abschluss des Studiengangs, aus dem die Leistungsnachweise stammen, darf zum Zeitpunkt der Antragstellung auf Zulassung zum Wirtschaftsprüfungsexamen nicht länger als acht Jahre zurückliegen.

(3) [1]Wird festgestellt, dass ein Leistungsnachweis angerechnet wird, entfällt die schriftliche und mündliche Prüfung in dem entsprechenden Prüfungsgebiet im Wirtschaftsprüfungsexamen; § 13 der Wirtschaftsprüferordnung bleibt unberührt. [2]Die Prüfungsstelle teilt der antragstellenden Person die für das Wirtschaftsprüfungsexamen verbleibenden Prüfungsgebiete mit.

(4) [1]Entfällt das Prüfungsgebiet „Angewandte Betriebswirtschaftslehre, Volkswirtschaftslehre", dauert die mündliche Prüfung im Prüfungsgebiet „Wirtschaftliches Prüfungswesen, Unternehmensbewertung und Berufsrecht" 45 Minuten. [2]Diese verlängerte mündliche Prüfung kann nach Wahl der Prüfungsstelle auch in Sonderprüfungsterminen abgelegt werden.

(5) § 19 Abs. 5 der Wirtschaftsprüferprüfungsverordnung findet Anwendung.

(6) [1]Wenn eine Anrechnung voraussichtlich nicht erfolgen kann, ist der ausstellenden Hochschule Gelegenheit zur Stellungnahme zu geben. [2]Erfolgt danach keine Anrechnung, teilt die Prüfungsstelle dies der antragstellenden Person schriftlich oder elektronisch mit. [3]Die Ablehnung einer Anrechnung kann

insbesondere gerechtfertigt sein, wenn der Studiengang nach der Bestätigung wesentlich umgestaltet wurde, so dass die Gleichwertigkeit nach § 7 Abs. 2 ganz oder in Teilen entfallen ist. [4]Für das Widerspruchsverfahren gilt § 5 Abs. 5 der Wirtschaftsprüferordnung entsprechend.

Teil 3 Schlussbestimmungen

§ 10 Übergangsvorschriften

(1) Eine Anrechnung des Masterabschlusses auf das Wirtschaftsprüfungsexamen durch die Prüfungsstelle nach Teil 1 findet nur statt, wenn der Masterstudiengang nach Inkrafttreten dieser Verordnung akkreditiert wird, auch wenn dieser bereits vor Inkrafttreten dieser Verordnung eingerichtet war.

(2) Eine Anrechnung gleichwertiger Prüfungsleistungen nach Teil 2 findet nur statt, wenn die Gleichwertigkeit der Prüfungen gemäß § 7 Abs. 2 nach Inkrafttreten dieser Verordnung durch die Prüfungsstelle festgestellt wird, auch wenn der Studiengang bereits vor Inkrafttreten dieser Verordnung eingerichtet war; Prüfungsleistungen müssen, um angerechnet werden zu können, nach Inkrafttreten dieser Verordnung erbracht worden sein.

(3) § 9 ist in der bis zum 17. Juni 2009 geltenden Fassung anzuwenden auf Prüfungsleistungen, die in einem Studium erbracht worden sind, das spätestens am 17. Juni 2009 begonnen wurde.

§ 11 Inkrafttreten

Diese Verordnung tritt am Tag nach der Verkündung in Kraft.

Referenzrahmen für die Anerkennung von Studiengängen nach § 8a Gesetz über eine Berufsordnung der Wirtschaftsprüfer (Wirtschaftsprüferordnung – WPO) und die Anrechnung von Prüfungsleistungen nach § 13b WPO

gemäß § 4 Abs. 1 der Wirtschaftsprüfungsexamens-Anrechnungsverordnung – WPAnrV[1] in der gemäß § 4 Abs. 2 WPAnrV vom Gremium erarbeiteten und am 24. Oktober 2016 beschlossenen sowie vom Bundesministerium für Wirtschaft und Energie am 29. November 2016 für verbindlich erklärten Fassung.

Vorbemerkung

Dieser Referenzrahmen hat eine Vorgeschichte. Gemäß § 8a Wirtschaftsprüferordnung (WPRefG 2003) erließ das Bundesministerium für Wirtschaft und Arbeit mit Zustimmung des Bundesrates am 27. Mai 2005 die Verordnung über die Voraussetzungen der Anerkennung von Studiengängen nach § 8a der Wirtschaftsprüferordnung und über die Anrechnung von Prüfungsleistungen aus Studiengängen nach § 13b der Wirtschaftsprüferordnung (Wirtschaftsprüfungsexamens-Anrechnungsverordnung – WPAnrV). Diese regelt in § 4 Abs. 1 WPAnrV, dass sich „die Anforderungen an die einzelnen Studien- und Prüfungsziele des Masterstudiengangs aus einem fachspezifisch konkretisierten Referenzrahmen ergeben". Nach den Bestimmungen in § 4 Abs. 2 WPAnrV wurde dieser Referenzrahmen von sechs sog. Praxisvertretern bzw.

---

[1] Vom 27. Mai 2005 (BGBl. I S. 1520), geändert durch die Zweite Verordnung zur Änderung der Wirtschaftsprüfungsexamens-Anrechnungsverordnung vom 28. September 2012 (BGBl. I S. 2095), zuletzt geändert durch Art. 4 Verordnung vom 28. April 2016 (BGBl. I S. 1046).

-vertreterinnen erarbeitet und beschlossen sowie vom Bundesministerium für Wirtschaft und Technologie am 30. März 2006 für verbindlich erklärt.

Nachfolgend sind acht Masterstudiengänge an Universitäten und Fachhochschulen im Rahmen von Akkreditierungs- bzw. Reakkreditierungsverfahren gemäß § 8a WPO „als zur Ausbildung von Berufsangehörigen besonders geeignet" anerkannt worden. Die Prüfungsstelle für das Wirtschaftsprüfungsexamen bei der Wirtschaftsprüferkammer (Prüfungsstelle) hat seitdem auch Bestätigungen gemäß § 8 WPAnrV über die Anrechnung von Prüfungsleistungen aus zehn Masterstudiengängen und sechs Bachelorstudiengängen an sechzehn Universitäten und Fachhochschulen in den Fächern „Angewandte Betriebswirtschaftslehre, Volkswirtschaftslehre" und „Wirtschaftsrecht" erteilt.

Die Überprüfung der WPAnrV führte zu der Änderungsverordnung vom 28. September 2012 und zur Beauftragung des nach § 4 Abs. 2 WPAnrV erweiterten und neu zusammengesetzten Gremiums mit der Überarbeitung des Referenzrahmens. Die in das Gremium berufenen acht Mitglieder waren oder sind als Vertreter oder Beauftragte des Bundeswirtschaftsministeriums, der Finanzverwaltung oder der Wirtschaftsprüferkammer und/oder als Gutachter an den einschlägigen Akkreditierungsverfahren oder an Bestätigungsverfahren beteiligt.

1. Gremium nach § 4 Abs. 2 WPAnrV

a) Rechtsgrundlage

Der Referenzrahmen und seine Erarbeitung durch ein Gremium sowie die Verbindlichkeitserklärung sind in § 4 WPAnrV geregelt.

Dieser Referenzrahmen ist demgemäß vom Bundesministerium für Wirtschaft und Energie (nachfolgend: BMWi) am 29. November 2016 für verbindlich erklärt worden (§ 4 Abs. 2 Satz 6 WPAnrV). Damit ersetzt dieser Referenzrahmen den vom BMWi am 30. März 2006 für verbindlich erklärten Referenzrahmen. Die Regelung zum Inkrafttreten (unten 7.a) ist zu beachten.

b) Aufgabe

Das Gremium erarbeitet und beschließt den Referenzrahmen. Aus diesem fachspezifisch konkretisierten Referenzrahmen ergeben sich gemäß § 4 Abs. 1 WPAnrV die Anforderungen an die einzelnen Studien- und Prüfungsziele des Masterstudiengangs auf Grundlage der in § 2 WPAnrV genannten Anerkennungsgrundlagen sowie an den Inhalt der Zugangsprüfung nach § 3 Nr. 2 WPAnrV (s. dazu 3. und 4.). Anhand des Referenzrahmens und darauf basierender Lehrpläne (Curricula) ist nach § 7 Abs. 2 Satz 3 WPAnrV die Gleichwertigkeit der schriftlichen und mündlichen Prüfungen für die Anrechnung im Wirtschaftsprüfungsexamen zu beurteilen (s. dazu 3. und 5.).

Das Gremium ist auch berechtigt, Lehrpläne (Curricula) zu erstellen (§ 4 Abs. 2 Satz 5 WPAnrV). Das hat das Gremium getan, wie vorliegend in der Anlage 1 dokumentiert.

c) Mitglieder des Gremiums

Das Gremium gemäß § 4 Abs. 2 Satz 1 WPAnrV besteht aus:

• Universitätsprofessor Dr. Claus Luttermann, Ingolstadt, Vertreter der Aufgabenkommission nach § 8 Wirtschaftsprüferprüfungsverordnung (WiPrPrüfV)

• Ministerialrat Christoph Schmitz, Düsseldorf,
Vertreter der Finanzverwaltung

• Wirtschaftsprüferin/Steuerberaterin Barbara Hoffmann, Mannheim,
Vertreterin der Wirtschaftsprüferkammer

• Universitätsprofessor Dr. Klaus Hübner, Essen,
Beauftragter des Bundesministeriums für Wirtschaft und Energie

• Wirtschaftsprüfer/Steuerberater Thomas Marcel Orth, Düsseldorf, und
Wirtschaftsprüfer/Steuerberater/Rechtsanwalt Professor Dr. Jens Poll, Berlin, Vertreter des Berufsstandes

• Universitätsprofessor Dr. Hans-Joachim Böcking, Frankfurt am Main, und Professorin Dr. Patricia Feldhoff, Steuerberaterin, Aschaffenburg, Vertreter der Hochschulen.

d) Beteiligung des Akkreditierungsrates

Der Akkreditierungsrat kann beratend an den Sitzungen des Gremiums teilnehmen (§ 4 Abs. 2 Satz 2 WPAnrV). Diese Möglichkeit hat der Akkreditierungsrat genutzt. Vor der Anpassung des Referenzrahmens hat der Akkreditierungsrat Stellung genommen (§ 4 Abs. 2 Satz 3 WPAnrV).

2. Rechtsqualität von Referenzrahmen und Lehrplänen (Curricula)

a) Rechtsverbindlichkeit des Referenzrahmens und ratio legis

Der Referenzrahmen ist durch Erklärung des BMWi gegenüber den in § 5 Abs. 2 Satz 1 WPAnrV als Mitwirkende in Akkreditierungsverfahren genannten Vertretern und Vertreterinnen des BMWi, der Finanzverwaltung und der Wirtschaftsprüferkammer (§ 4 Abs. 2 Satz 6 WPAnrV) verbindlich. Diese Erklärung ist erfolgt (s. o. 1.a)).

Das geltende, dem Referenzrahmen zugrunde liegende Recht entstammt dem Wirtschaftsprüfungsexamens-Reformgesetz (WPRefG)[2]. Der Gesetzgeber zielt darauf, die hohe Qualität der Ausbildung zum Beruf des Wirtschaftsprüfers oder der Wirtschaftsprüferin zu sichern. Er hat zugleich die Möglichkeit für „die Schaffung anerkannter Hochschulausbildungsgänge" eingeräumt, die teilweise neben den herkömmlichen Examensweg treten.[3] Der Gesetzgeber fixiert in der WPO als mögliche Wege: (1) „Anerkannte Hochschulausbildungsgänge" nach § 8a WPO und (2) „Verkürzte Prüfung nach Anrechnung gleichwertiger Prüfungsleistungen" nach § 13b WPO. Beide Wege sind gemäß § 8a Abs. 3 Satz 1 und § 13b Satz 3 WPO durch die WPAnrV näher ausgestaltet worden.

Der Gesetzgeber der WPO fordert die Gleichwertigkeit der Qualifikationswege und der Prüfungsleistungen. Der gemäß § 4 WPAnrV gesetzlich vorgeschriebene Referenzrahmen formuliert die dazu erforderlichen Kriterien.

---

[2] Vom 01.12.2003, BGBl. I S. 2446.

[3] Begründung E-WPRefG BReg. vom 25.06.2003, BT-Drs. 15/1241, S. 1 (A.); ebenfalls dort S. 26 (III.1.).

Der Gesetzgeber der WPO betont als „wichtigstes Ziel (…), die Qualität des Wirtschaftsprüferberufes zu gewährleisten".[4] Prüfungsleistungen sind nur anzuerkennen, wenn „die Gleichwertigkeit in Inhalt, Form und Umfang mit den in § 5 PrüfO WP [jetzt: § 4 Prüfungsverordnung für Wirtschaftsprüfer nach §§ 14 und 131l der Wirtschaftsprüferordnung (Wirtschaftsprüferprüfungsverordnung – WiPrPrüfV)] aufgeführten, novellierten Anforderungen der Prüfungsgebiete festgestellt wird".[5] Zur Anerkennung führt er grundlegend aus: „Voraussetzung und politische Richtschnur für den neuen § 13b WPO ist, dass der für das Wirtschaftsprüfungsexamen notwendige Lernstoff in keiner Weise verkürzt oder vereinfacht wird, sondern lediglich die Phase des Erlernens und Prüfens theoretischen Wissens teilweise in den Hochschulbereich vorverlagert wird."[6]

In Ausführung dieser Vorgaben bemerkt das BMWi zu der WPAnrV: „Ziel der Regelungen dieser Verordnung ist es, sicher zu stellen, dass die Prüfungsleistungen mit denjenigen im Wirtschaftsprüfungsexamen vergleichbar sind, um dessen Qualität zu gewährleisten."[7] In der Verordnung ist folglich festgeschrieben: Schriftliche und mündliche Prüfungen eines in- oder ausländischen Studiengangs sind „als gleichwertig festzustellen, wenn sie solchen des Wirtschaftsprüfungsexamens entsprechen" (§ 7 Abs. 2 Satz 1 WPAnrV).

Insgesamt gilt also: Die Feststellungen der Anerkennung von Studiengängen und die Anrechnung von Prüfungsleistungen sind zwingend auf „den herkömmlichen Examensweg" als den gesetzlichen Qualitätsmaßstab zu beziehen. Weder durch § 8a WPO („Anerkannte Hochschulausbildungsgänge") noch durch § 13b WPO („Verkürzte Prüfung nach Anrechnung gleichwertiger Prüfungsleistungen") darf die Verlagerung von Prüfungsleistungen auf Hochschulen eine Qualitätseinbuße bewirken.

Das gesetzliche Maß für die Praxis der Studiengänge und Prüfungsleistungen ist stets der „herkömmliche Examensweg": Die Anforderungen sind demgemäß bei allen Ausbildungswegen qualitativ einheitlich. Diese qualitative Ein-

---

[4] Begründung E-WPRefG BReg. vom 25.06.2003, BT-Drs. 15/1241, S. 30 (Zu § 8a).

[5] Begründung E-WPRefG BReg. vom 25.06.2003, BT-Drs. 15/1241, S. 32 (Zu Nummer 12 (§ 13b)).

[6] Begründung E-WPRefG BReg. vom 25.06.2003, BT-Drs. 15/1241, S. 33 (l. Sp.).

[7] Begründung zum E-WPAnrV BMWi vom 26.01.2005, BR-Drs. 80/05, S. 13 (und Vorblatt, S. 2 (B.)).

heit müssen die Verantwortlichen jeweils im Sinne der Gleichwertigkeit gewährleisten.

b) Verbindlichkeit für die Anerkennung von Studiengängen nach § 8a WPO

Die Anerkennung eines Masterstudiengangs nach § 1 Satz 2 WPAnrV setzt voraus, dass mit dem Studiengang das Ziel erreicht wird, den Studierenden die Kenntnisse und Fähigkeiten zu vermitteln, die dem Berufsprofil des Wirtschaftsprüfers oder der Wirtschaftsprüferin entsprechen (§ 2 Abs. 1 Satz 1 WPAnrV). Die Vorgaben sind in §§ 2ff. WPAnrV mit den Anerkennungsgrundlagen benannt. Die Anforderungen an die einzelnen Studien- und Prüfungsziele ergeben sich aus dem vorliegenden, prüfungsfachspezifisch konkretisierten Referenzrahmen (§ 4 Abs. 1 WPAnrV). Die qualitative Einheit der Anforderungen muss im Sinne der Gleichwertigkeit gewährleistet sein.[8]

Nach § 3 WPAnrV ist dabei für die Anerkennung eines Masterstudienganges nach § 1 Abs. 2 WPAnrV Voraussetzung, dass die Prüfungsordnung:

1. den Nachweis über die Ableistung von drei Monaten Tätigkeit gemäß § 9 Abs. 1 WPO und drei Monaten Prüfungstätigkeit gemäß § 9 Abs. 2 WPO (Praxiszeit) nach Erwerb des ersten berufsqualifizierenden Abschlusses, aber vor Beginn des Masterstudienganges vorsieht;

2. das Bestehen einer Zugangsprüfung, die wirtschaftsprüfungsrelevante Anteile berücksichtigt, vorsieht; vor Beginn des Studiums muss die Praxiszeit abgeleistet sein;

3. für den Masterstudiengang vier Theoriesemester vorsieht;

4. vorsieht, dass die Masterabschlussarbeit in dem Prüfungsgebiet „Wirtschaftliches Prüfungswesen, Unternehmensbewertung und Berufsrecht" geschrieben wird.

Für den Masterabschluss werden ohne Einbeziehung des vorangegangenen Studiums und etwaiger Praxissemester 120 ECTS-Punkte benötigt[9]. Der Mas-

---

[8] Dazu oben lit. a).

[9] Ländergemeinsame Strukturvorgaben für die Akkreditierung von Bachelor- und Masterstudiengängen (Beschluss der Kultusministerkonferenz vom 10.10.2003 i. d. F. vom 04.02.2010).

terstudiengang muss gemäß § 2 Abs. 1 Satz 3 WPAnrV folgende wesentliche Lehrinhalte umfassen:

1. das wirtschaftliche Prüfungswesen, die Unternehmensbewertung und das Berufsrecht,

2. die Angewandte Betriebswirtschaftslehre und Volkswirtschaftslehre,

3. das Wirtschaftsrecht und

4. das Steuerrecht.

Die Prüfungsstelle stellt auf Grundlage der Akkreditierung des Masterstudiengangs gemäß § 5 WPAnrV die Anrechnung von Leistungen auf das Wirtschaftsprüfungsexamen fest (§ 6 Abs. 1 Satz 1 WPAnrV).

c) Verbindlichkeit für die Anrechnung von Prüfungsleistungen nach § 13b WPO

Die Prüfungsstelle stellt nach § 9 Abs. 1 Satz 1 WPAnrV die Gleichwertigkeit von schriftlichen und mündlichen Prüfungsleistungen nach § 7 Abs. 2 WPAnrV fest. Die Prüfungsleistungen können in einem in- oder ausländischen Studiengang i. S. d. § 7 Abs. 1 WPAnrV erbracht werden, z. B. in einem entsprechenden Bachelor-, Master-, Diplom- oder mit einem Staatsexamen abschließenden Studiengang. Die Feststellung der Gleichwertigkeit setzt die Vorlage der Leistungsnachweise voraus (§ 9 Abs. 2 Satz 1 WPAnrV). Die Gleichwertigkeit ist anhand des Referenzrahmens als Maßstab und der darauf basierenden Lehrpläne (Curricula) zu beurteilen (§ 7 Abs. 2 Satz 3 WPAnrV).

d) Bedeutung der Lehrpläne (Curricula) gemäß § 4 Abs. 2 Satz 5 WPAnrV

Das Gremium ist gemäß § 4 Abs. 2 Satz 5 WPAnrV auch berechtigt, „unverbindliche Lehrpläne (Curricula)" zu erstellen. Von dieser Berechtigung hat das Gremium in dem Bewusstsein der verfassungsrechtlich garantierten Freiheit von Forschung und Lehre (Art. 5 Abs. 3 Grundgesetz – GG) nach den gesetzlichen Maßgaben, insbesondere § 4 WiPrPrüfV und §§ 2, 4 WPAnrV, Gebrauch gemacht. Die Curricula fassen zu jedem Prüfungsgebiet die zu erreichenden Lernziele zusammen. Die daraus entstandenen Lehrpläne (Curricula) sind als Anlage 1 beigefügt.

3. Gesetzliche Maßgaben für Anerkennung und Anrechnung

Die gesetzlichen Maßgaben für die Anrechnung von Leistungen aus einem anerkannten Masterstudiengang und von gleichwertigen Prüfungsleistungen aus einem in- oder ausländischen Studiengang sind in den §§ 8a, 13b WPO sowie in der WPAnrV und der WiPrPrüfV geregelt.

Die WPAnrV enthält in § 2 die Anerkennungsgrundlagen, in § 3 die Anforderungen an den Zugang zum Masterstudiengang und dessen Ausgestaltung und in § 7 die Voraussetzungen der Anrechnung von gleichwertigen Prüfungsleistungen (§ 13b WPO).

Gemäß § 8a Abs. 1 Nr. 3 WPO müssen die Hochschulprüfungen einzelner Wissensgebiete „in Inhalt, Form und Umfang" einer Prüfung im Wirtschaftsprüfungsexamen „entsprechen". Daher sind die hierfür geltenden Bestimmungen der WiPrPrüfV maßgebend. Diese finden sich insbesondere in den §§ 4, 5, 7 sowie 10-12 (schriftliche Prüfung) und 15, 16 (mündliche Prüfung) WiPrPrüfV. Die Anforderungen werden von der Prüfungsstelle, der Aufgabenkommission nach § 8 WiPrPrüfV und der Prüfungskommission nach § 12 Abs. 1 WPO gemäß den gesetzlichen Vorgaben gestaltet. Diese Anforderungen sind insgesamt zu beachten.

Die inhaltlichen Voraussetzungen für die Anrechnung von in einem Hochschulausbildungsgang erbrachten Prüfungsleistungen ergeben sich aus § 13b Satz 1 WPO und § 7 WPAnrV. Erforderlich ist ihre „Gleichwertigkeit in Inhalt, Form und Umfang", wozu in § 7 Abs. 2 Satz 2 Nrn. 1–3 WPAnrV explizit auf Bestimmungen der WiPrPrüfV verwiesen wird. Gleichwertigkeit liegt nach § 7 Abs. 2 Satz 1 WPAnrV vor, wenn die schriftlichen und mündlichen Hochschulprüfungen solchen des Wirtschaftsprüfungsexamens entsprechen. Zu beurteilen ist dies gemäß § 7 Abs. 2 Satz 3 WPAnrV anhand des Referenzrahmens und darauf basierender Lehrpläne (Curricula).

4. Anerkennung von Studiengängen nach §§ 8a WPO, 1 WPAnrV: Materielle Voraussetzungen

a) Grundlagen

Nach § 2 Abs. 1 WPAnrV ist Ziel des Masterstudiengangs, künftigen Berufsangehörigen mit abgeschlossener Hochschulausbildung durch eine Vertiefung und Verbreiterung ihrer Kenntnisse die Kompetenzen zu vermitteln, die dem Berufsprofil des Wirtschaftsprüfers oder der Wirtschaftsprüferin entsprechen (vgl. § 2 WPO). Maßgeblich für die Studien- und Prüfungsziele sind gemäß den gesetzlichen Vorgaben die Kompetenzen, die benötigt werden, um den Beruf des Wirtschaftsprüfers oder der Wirtschaftsprüferin eigenverantwortlich ausüben zu können (§ 43 WPO). Studierende müssen am Ende ihrer Ausbildung insbesondere die Fähigkeit zur Durchführung betriebswirtschaftlicher Prüfungen sowie in den Tätigkeitsbereichen der Steuer- und Wirtschaftsberatung und der Rechtsdienstleistung die Kenntnisse und Fähigkeiten erworben haben, um Mandantenaufträge erledigen und interdisziplinäre Fragestellungen lösen zu können (§ 2 Abs. 1 Satz 2 WPAnrV).

b) Studienziel

Studienziel ist folglich die Entwicklung folgender drei Leistungspotenziale: funktionsbezogene Fachkompetenzen, funktionsübergreifende personale Kompetenzen sowie eine „kritische Grundhaltung"[10]. Das Lehrangebot muss entsprechend die theoretischen und praktischen Aspekte der Ausbildung des Wirtschaftsprüfers oder der Wirtschaftsprüferin in ausgewogener Form berücksichtigen und folgende funktionsbezogene Fachkompetenzen vermitteln:

Funktionsbezogene Fachkompetenzen	
Wissen	Fertigkeiten
Die Studierenden verfügen über umfassendes und detailliertes Wissen zur Umsetzung der in § 2 Abs. 1 WPAnrV definierten Tätigkeiten des Wirtschaftsprüfers oder der Wirtschaftsprüferin.	Die Studierenden können aufgrund ihrer fachlichen und konzeptionellen Fertigkeiten interdisziplinär komplexe Probleme lösen, Alternativen auch bei unvollständiger Information abwägen sowie neue Verfahren entwickeln, anwenden und nach unterschiedlichen Beurteilungskriterien bewerten.

---

[10] Art. 21 RiLi 2014/56/EU.

Die Aufgliederung der funktionsbezogenen Fachkompetenzen erfolgt innerhalb der Lehrpläne (Curricula). Diese decken die gemäß § 2 Abs. 2 WPAnrV zu vermittelnden Kompetenzausprägungen (Definitionen siehe 4.d)) ab.

Im Rahmen des Studiengangs sind neben den funktionsbezogenen Fachkompetenzen vorrangig die folgenden funktionsübergreifenden personalen Kompetenzen zu vermitteln:

Intellektuelle Fähigkeiten, die die zukünftigen Wirtschaftsprüfer und Wirtschaftsprüferinnen zur Problemlösung, Entscheidungsfindung und Urteilsfähigkeit hinsichtlich komplexer Fragestellungen befähigen, insbesondere die Fähigkeit zu konzeptionellem und analytischem Denken sowie zur kritischen Analyse.

Persönliche Fähigkeiten wie Selbstmanagement, Selbstlernkompetenz, kritische Grundhaltung sowie angesichts des besonderen Vertrauens, das die Öffentlichkeit der Tätigkeit des Wirtschaftsprüfers oder der Wirtschaftsprüferin entgegenbringt, Integrität, Objektivität, Unabhängigkeit und die Bewertung von Entscheidungen unter ethischen Aspekten.

Kommunikations- und Kontaktfähigkeit, insbesondere die Fähigkeit zum Umgang mit Menschen unterschiedlicher Herkunft und Kultur sowie die Fähigkeit, in einem Team zu arbeiten und im beruflichen Umfeld angemessene Lösungen auszuhandeln.

Managementfähigkeiten, insbesondere die Fähigkeit zur Planung, Steuerung und nachhaltigen Umsetzung von Entscheidungen wie auch zur Organisation und Delegation.

Führungsfähigkeiten durch Entwicklung eines Verständnisses für effiziente Entscheidungsprozesse und Führung von Teams.

Zur Vermittlung einer **kritischen Grundhaltung** sind die einschlägigen berufsrechtlichen Normen, insbesondere das Europarecht sowie der Dritte Teil der WPO über die Rechte und Pflichten der Wirtschaftsprüfer (§§ 43ff.) und die Berufssatzung für Wirtschaftsprüfer/vereidigte Buchprüfer (BS WP/vBP) heranzuziehen.

c) Prüfungsziel

Prüfungsziel des Studiengangs ist, dass die Studierenden die in diesem Referenzrahmen fachspezifisch je Funktion konkretisierten, zu erreichenden Kompetenzausprägungen (4.d) und e)), die dem Niveau des Wirtschaftsprüfungsexamens entsprechen, im Rahmen der Prüfungsleistungen des Studiengangs erreichen. Das Prüfungsziel des Studiengangs umfasst die Weiterentwicklung der funktionsübergreifenden personalen Kompetenzen in den fünf Feldern Intellektuelle Fähigkeiten, Persönliche Fähigkeiten, Kommunikations- und Kontaktfähigkeit, Managementfähigkeiten und Führungsfähigkeiten sowie die Vermittlung einer kritischen Grundhaltung.

d) Kompetenzausprägungen

Nach § 2 Abs. 2 WPAnrV muss das Lehrangebot die theoretischen und praktischen Aspekte der Ausbildung des Wirtschaftsprüfers oder der Wirtschaftsprüferin in ausgewogener Form berücksichtigen, hohe Anforderungen an eine umfassende Entwicklung der erforderlichen sozialen Kompetenz stellen und die in § 2 Abs. 1 WPAnrV genannten Kenntnisse und Fähigkeiten mit folgenden Ausprägungen vermitteln:

1. Grundwissen: Studierende kennen die wesentlichen Definitionen und können die herrschende Meinung wiedergeben (Kompetenzausprägung **A**).

2. Verständnis: Studierende können das Wissen ordnen und es systematisch wiedergeben sowie Probleme erkennen (Kompetenzausprägung **B**).

3. Anwendung: Studierende können das erworbene Wissen anwenden und eigene Berechnungen sowie Interpretationen erstellen; sie können Einzelfälle angemessen beurteilen und die Ergebnisse auswerten (Kompetenzausprägung **C**).

4. Analyse: Studierende können komplexe Problemstellungen erkennen und auf Grundlage der erworbenen Erfahrung analysieren (Kompetenzausprägung **D**).

5. Synthese: Studierende können korrigierend in Prozesse eingreifen, neue Vorgehensweisen entwickeln und Verbesserungsvorschläge unterbreiten; dazu gehört auch die Fähigkeit, die eigene Leistung angemessen darzustellen und lösungsorientiert weiterzuentwickeln (Kompetenzausprägung **E**).

6. Bewertung: Studierende können Werturteile abgeben, Vergleiche heranziehen und richtige Schlussfolgerungen ziehen, sie können Prognosen erstellen und die eigenen Aussagen rechtfertigen (Kompetenzausprägung **F**).

Diese Ausprägungen enthalten noch keine berufliche Spezialisierung, da diese erst nach der Bestellung zum Wirtschaftsprüfer oder zur Wirtschaftsprüferin durch Praxiserfahrung und Fortbildung entwickelt wird (§ 2 Abs. 2 WPAnrV).

e) Kenntnisse und Fähigkeiten

Gemäß den vorbenannten Vorgaben sind jeweils die folgenden funktionsbezogenen Kompetenzen gefordert:

Kompetenzausprägung A = Grundwissen B = Verständnis C = Anwendung D = Analyse E = Synthese F = Bewertung	Zugang Masterstudium	Masterstudium/ -abschluss	Wirtschaftsprüfungs-Examen
A. Wirtschaftliches Prüfungswesen, Unternehmensbewertung und Berufsrecht			

1. Rechnungslegung
    a) Buchführung, Jahresabschluss und Lagebericht,
    b) Konzernabschluss und Konzernlagebericht, Bericht über die Beziehungen zu verbundenen Unternehmen,
    c) international anerkannte Rechnungslegungsgrundsätze,
    d) Rechnungslegung in besonderen Fällen,
    e) Jahresabschlussanalyse
	C	F	F

2. Prüfung a) Prüfung der Rechnungslegung: rechtliche Vorschriften und Prüfungsstandards, insbesondere Prüfungsgegenstand und Prüfungsauftrag, Prüfungsansatz und Prüfungsdurchführung, Bestätigungsvermerk, Prüfungsbericht und Bescheinigungen, andere Reporting-Aufträge,	B	F	F

(Fortsetzung nächste Seite)

(Fortsetzung Tabelle)

b) sonstige gesetzlich vorgeschriebene Prüfungen, insbesondere aktienrechtliche Sonderprüfungen, Prüfung von Risikofrüherkennungssystemen, Geschäftsführungsprüfungen, c) andere betriebswirtschaftliche Prüfungen, insbesondere Due-Diligence-Prüfungen, Kreditwürdigkeitsprüfungen, Unterschlagungsprüfungen, Wirtschaftlichkeitsprüfungen, Prüfung von Sanierungskonzepten	A	F	F
3. Grundzüge und Prüfung der Informationstechnologie	B	E	E
4. Bewertung von Unternehmen und Unternehmensanteilen	C	F	F
5. Berufsrecht, insbesondere Organisation des Berufs, Berufsaufsicht, Berufsgrundsätze und Unabhängigkeit	B	F	F
B. Angewandte Betriebswirtschaftslehre, Volkswirtschaftslehre			

1. Angewandte Betriebswirtschaftslehre
   a) Kosten- und Leistungsrechnung,
   b) Planungs- und Kontrollinstrumente,
   c) Unternehmensführung und Unternehmensorganisation,
   d) Unternehmensfinanzierung sowie Investitionsrechnung,
	D	F	F

einschließlich methodischer Problemstellungen der externen Rechnungslegung, der Corporate Governance und der Unternehmensbewertung	C	F	F

2. Volkswirtschaftslehre
   a) Grundzüge der Volkswirtschaftslehre und Volkswirtschaftspolitik,
   b) Grundzüge der Finanzwissenschaft
	C	D	D

3. Die Nummern 1 und 2 umfassen Grundkenntnisse anwendungsorientierter Mathematik und Statistik.			

Kompetenzausprägung A = Grundwissen B = Verständnis C = Anwendung D = Analyse E = Synthese F = Bewertung	Zugang Masterstudium	Masterstudium/-abschluss	Wirtschaftsprüfungs-Examen
C. Wirtschaftsrecht			
1. Grundzüge des Bürgerlichen Rechts, insbesondere Recht der Schuldverhältnisse und Sachenrecht,	C	F	F
Grundzüge des Arbeitsrechts, Grundzüge des internationalen Privatrechts, insbesondere Recht der Schuldverhältnisse und Sachenrecht	A	D	D
2. Handelsrecht, insbesondere Handelsstand und -geschäfte einschließlich internationalem Kaufrecht	C	F	F
3. Gesellschaftsrecht (Personengesellschaften und Kapitalgesellschaften, Recht der verbundenen Unternehmen), Corporate Governance und Grundzüge des Kapitalmarktrechts	B	F	F
4. Umwandlungsrecht	A	F	F
5. Grundzüge des Insolvenzrechts	A	F	F
6. Grundzüge des Europarechts	A	D	D
D. Steuerrecht			
1. Abgabenordnung und Nebengesetze, Finanzgerichtsordnung	A	F	F
2. Recht der Steuerarten, insbesondere			
a) Einkommen-, Körperschaft- und Gewerbesteuer,	C	F	F
b) Bewertungsgesetz, Erbschaftsteuer, Grundsteuer,	A	F	F
c) Umsatzsteuer, Grunderwerbsteuer,		F F	F F
d) Umwandlungssteuerrecht	A	F	F
3. Grundzüge des Internationalen Steuerrechts	A	F	F

f) Dokumentation

Für die Akkreditierung und Anerkennung von Studiengängen nach § 8a WPO bzw. für die Anrechnung gleichwertiger Prüfungsleistungen nach § 13b WPO ist eine angemessene Dokumentation notwendig, in der Regel durch Vorlage eines entsprechenden Modulhandbuchs. Die Dokumentation dient der Information der Studierenden und bietet eine detaillierte Beschreibung aller Module, die verbindliche Bestandteile einer studiengangspezifischen Ordnung und somit für die Akkreditierung eines Studiengangs notwendig sind. Die gebotenen Inhalte ergeben sich aus Anlage 2.

g) Zugangsprüfung

Für Studiengänge nach § 8a WPO ist eine Zugangsprüfung vorgeschrieben. Hierfür gelten die gesetzlichen Vorgaben, insbesondere § 3 Nr. 2 WPAnrV in Verbindung mit diesem Referenzrahmen (§ 4 Abs. 1, 1. Halbsatz WPAnrV). Danach ist die Zugangsprüfung insgesamt auf den Referenzrahmen abzustimmen. Die Zugangsprüfung muss unabhängig von der Ausgestaltung des Studiengangs und der persönlichen Vorbildung für alle Bewerber und Bewerberinnen einheitlich gestellt werden. Das Motiv dieser Zugangsprüfung ist die Erkenntnis des Gesetzgebers, dass die gesamten Inhalte des Wirtschaftsprüfungsexamens nicht ausschließlich im viersemestrigen Masterstudium vermittelt werden können und daher bereits in der vorausgegangenen Hochschulausbildung oder anderweitig erlernt werden müssen. Ob dieses ausreichend geschehen ist, muss anhand der Zugangsprüfung festgestellt werden[11].

Die Durchführung und Ausgestaltung liegt in der Verantwortung der Hochschule und ist satzungsrechtlich zu regeln. Die Zugangsprüfung muss alle vier Prüfungsgebiete gemäß § 4 WiPrPrüfV gleichgewichtig abdecken und wirtschaftsprüfungsrelevante Anteile berücksichtigen. Sie soll mindestens zwei jeweils dreistündige Klausuren und kann zusätzlich eine mündliche Prüfung umfassen. Eine erfolgreiche Teilnahme an der Zugangsprüfung setzt voraus, dass jedes der vier Prüfungsgebiete des Wirtschaftsprüfungsexamens bestanden wird.

Die Vorbereitung auf die Zugangsprüfung und den Studiengang liegt in der persönlichen Verantwortung der Interessentinnen und Interessenten. Der

---

[11] BR-Drs. 80/05 vom 26.01.2005, S. 19 f.

Hochschule ist es überlassen, inwieweit sie auf die Zugangsprüfung vorbereitet.

h) Studieninhalte

Die Studieninhalte bauen auf den bei Zugang zum Masterstudium nach diesem Referenzrahmen vorausgesetzten und in der Zugangsprüfung nachzuweisenden Kompetenzausprägungen auf. Die in den Lehrplänen (Curricula)[12] enthaltene ECTS-Verteilung für die einzelnen Prüfungsgebiete soll eingehalten werden. Abweichungen sind nachvollziehbar zu begründen. Ein Studiengang, der in unangemessenem Umfang Studieninhalte eines Bachelorstudiums wiederholt oder in Modulabschlussprüfungen das Masterniveau nicht erreicht, ist für die Ausbildung von Wirtschaftsprüfern und Wirtschaftsprüferinnen nicht „besonders geeignet" (§ 8a Abs. 1 WPO, § 1 Satz 1 WPAnrV).

i) Prüfungsleistungen

Ergänzend zu den vorgenannten inhaltlichen Vorgaben ist – auch hinsichtlich Umfang und Form von Prüfungsleistungen – für die Anerkennung wesentlich:

- Prüfungsleistungen müssen den Anforderungen im Wirtschaftsprüfungsexamen entsprechen. Der Abgleich wird von der Hochschule durchgeführt, ist für das Akkreditierungsverfahren und für die Feststellung der Gleichwertigkeit nach § 13b WPO zu dokumentieren und Gegenstand der Qualitätssicherung. Hierbei dienen die im Internet veröffentlichten Klausuraufgaben des Wirtschaftsprüfungsexamens als Maßstab[13].

- Gegenstand der zu erbringenden schriftlichen und mündlichen Prüfungsleistungen ist der gesamte Modulinhalt des jeweiligen Prüfungsgebietes.

- Schriftliche Prüfungen sind nicht nur als „große Abschlussklausur" gleichwertig. Auch mehrere, das jeweilige Modul abschließende schriftliche Prüfungen reichen aus, vorausgesetzt, dass die formalen und inhaltlichen Anforderungen denen im Wirtschaftsprüfungsexamen und ihr zeitlicher Umfang insgesamt dem der schriftlichen Examensprüfung („Angewandte

---

[12] Anlage 1.
[13] Siehe www.wpk.de/nachwuchs/examen/klausuren/.

Betriebswirtschaftslehre, Volkswirtschaftslehre" mindestens 8 Stunden; „Wirtschaftsrecht" mindestens 4 Stunden) entsprechen.

- Schriftliche Prüfungen, die ganz oder teilweise im Antwort-Wahl-Verfahren („Multiple Choice") abgenommen werden, können nicht als gleichwertig anerkannt werden, weil dieses Verfahren nicht der schriftlichen Prüfung im Wirtschaftsprüfungsexamen entspricht.

- Alle Prüfungsleistungen – zum Beispiel Seminar- und Studienabschlussarbeiten –, die von mehreren Studierenden gemeinsam erbracht werden, können nur dann als gleichwertig anerkannt werden, wenn jedem bzw. jeder einzelnen Studierenden eindeutig ein abgrenzbarer, den rechtlichen Anforderungen entsprechender Teil dieser Prüfungsleistung zugeordnet und individuell bewertet wird.

- Mündliche Prüfungen sind als gleichwertig zur mündlichen Prüfung im Wirtschaftsprüfungsexamen zu erbringen. Die mündlichen Prüfungen müssen in ihrer Gesamtheit so konzipiert sein, dass sie sich auf das vollständige zu ersetzende Prüfungsgebiet beziehen können, und sollen in jedem Prüfungsgebiet je Studierenden 15 Minuten nicht unterschreiten. Die Prüfungen und die Bewertung der Prüfungsleistung sind formal und inhaltlich nachvollziehbar zu dokumentieren.

5. Anrechnung von Prüfungsleistungen nach § 13b WPO, § 7 WPAnrV: Materielle Voraussetzungen der Feststellung der Gleichwertigkeit

Die Prüfungsstelle stellt nach § 9 Abs. 1 Satz 1 WPAnrV die Anrechnung nach § 7 Abs. 1 WPAnrV und die Gleichwertigkeit von schriftlichen und mündlichen Prüfungsleistungen nach § 7 Abs. 2 WPAnrV fest; die Prüfungsleistungen können in einem Studiengang i. S. d. § 7 WPAnrV erbracht werden. Die Feststellung erfolgt gemäß § 9 Abs. 1 Satz 2 WPAnrV auf Grundlage einer Bestätigung gemäß § 8 WPAnrV.

Die Feststellung der Prüfungen als gleichwertig erfolgt gemäß § 7 Abs. 2 WPAnrV, wenn die Prüfungen solchen des Wirtschaftsprüfungsexamens entsprechen. Dies ist gegeben, wenn die Prüfungen nach

1. ihrem Inhalt gemäß den §§ 4 und 15 Abs. 1 WiPrPrüfV in Verbindung mit den Anerkennungsgrundlagen nach der WPAnrV und diesem Referenzrahmen,

2. ihrer Form gemäß den §§ 10 und 15 Abs. 2, 4 und 5 WiPrPrüfV und

3. ihrem gesamten zeitlichen Umfang gemäß § 7 Abs. 2 und § 15 Abs. 3 WiPrPrüfV

im Ergebnis gleichzusetzen sind. Die Gleichwertigkeit ist anhand dieses Referenzrahmens und darauf basierender Lehrpläne (Curricula) nach § 4 Abs. 2 Satz 5 WPAnrV zu beurteilen.

Das gewählte Haupt- oder Schwerpunktfach entspricht den wesentlichen Inhalten eines oder beider Prüfungsgebiete „Angewandte Betriebswirtschaftslehre, Volkswirtschaftslehre" und „Wirtschaftsrecht", wenn die ECTS-Vorgaben der Lehrpläne (Curricula)[14] erreicht werden. Dabei soll die Aufteilung auf die dort genannten Teilbereiche des jeweiligen Prüfungsgebietes erreicht werden. Abweichungen sind nachvollziehbar zu begründen; sie dürfen nicht die Gleichwertigkeit verletzen.

Die Feststellung setzt voraus, dass der gesamte Inhalt des zu ersetzenden Prüfungsgebietes sowohl Gegenstand schriftlicher als auch mündlicher Prüfungen sein kann. Die Prüfungen und die Bewertung der Prüfungsleistung sind formal und inhaltlich nachvollziehbar zu dokumentieren. Ob diese Prüfungen in Form von studiengangabschließenden Prüfungen, die entsprechend umfangreich sind, oder als veranstaltungs- bzw. modulabschließende Prüfungen durchgeführt werden, ist der Entscheidung der antragstellenden Hochschule überlassen (s. a. Anlage 3).

6. Verfahrensregeln

Im Akkreditierungsverfahren nach § 8a WPO hat die Hochschule im Rahmen der dem Akkreditierungsantrag beizufügenden Dokumentation darzulegen, dass die Voraussetzungen für die Anerkennung des Masterstudienganges nach den Rechtsvorgaben (d. h. insbesondere gemäß WPO, WPAnrV, WiPrPrüfV, Referenzrahmen sowie Standards des Wirtschaftsprüfungsexamens) erfüllt sind und der Studiengang als zur Ausbildung von Wirtschaftsprüfern und Wirtschaftsprüferinnen besonders geeignet ist. Das gilt sinngemäß auch für die Antragstellung auf Feststellung der Gleichwertigkeit von Prüfungsleistungen nach § 13b WPO.

---

[14] Anlage 1.

Bestandteile der Dokumentation sind insbesondere

a)   ein Modulhandbuch, aus dem sich ergibt, dass der Masterstudiengang alle Wissensgebiete nach § 4 WiPrPrüfV umfasst und dass in den Lehrveranstaltungen (Modulen) das nach dem Referenzrahmen geforderte Kompetenzniveau bei Zugang zum und Abschluss des Studiums eingehalten und erreicht wird;

b)   die Zugangs-, Prüfungs- und Studienordnung, mit der überprüft werden kann, ob das nach dem Referenzrahmen geforderte Kompetenzniveau bei Zugang zum und Abschluss des Studiums eingehalten und erreicht wird;

c)   eine Darstellung der wesentlichen Abweichungen des vorgesehenen Lehrplans von den Lehrplänen (Curricula)[15] des Gremiums nach § 4 Abs. 2 Sätze 1 und 5 WPAnrV mit Begründung;

d)   ein Nachweis, dass die schriftlichen und mündlichen Prüfungen in den Anerkennungsfächern Angewandte Betriebswirtschaftslehre, Volkswirtschaftslehre und Wirtschaftsrecht in Inhalt, Form und Umfang einer Prüfung im Wirtschaftsprüfungsexamen entsprechen und diesem gleichwertig sind (vgl. §§ 13b WPO, 7 WPAnrV). Der Nachweis kann bei der Erstakkreditierung durch Vorlage von Entwürfen von Prüfungsaufgaben mit Bearbeitungs-, Lösungs- und Bewertungshinweisen, bei der Reakkreditierung durch Vorlage von schriftlichen Modulabschlussprüfungen mit Bearbeitungs-, Lösungs- und Bewertungshinweisen und Korrekturvermerken sowie der Dokumentation von mündlichen Prüfungen geführt werden;

e)   Ausführungen zur Qualitätssicherung der Studien- und Prüfungsziele unter Einbeziehung des nach dem Referenzrahmen geforderten Kompetenzniveaus;

f)   bei weiterbildenden (berufsbegleitenden) Studiengängen Berechnungen der Arbeitsbelastung (workload), die die besondere berufliche Belastung der Studierenden mit einbeziehen;

g)   eine Liste der Themen der Seminar- und Masterarbeiten der letzten drei Jahre;

h)   Lebensläufe der Dozenten, die jeweils die fachliche Qualifikation belegen.

---

[15] Anlage 1.

Die Vertreter und Beauftragten gemäß § 5 Abs. 2 WPAnrV, die Prüfungsstelle und beauftragte Gutachter können im Einzelfall für die Beurteilung angemessene spezifizierte Unterlagen verlangen (z. B. Lehrunterlagen).

7. Anwendungsvorschriften

a) Inkrafttreten

Die in § 5 Abs. 2 Satz 1 WPAnrV genannten Vertreterinnen und Vertreter haben diesen Referenzrahmen bei der Beurteilung von Studiengängen in Akkreditierungsverfahren anzuwenden, für die nach dem 1. Januar 2017 der Antrag oder der wiederholte Antrag auf Feststellung der besonderen Eignung des Studiengangs nach § 5 Abs. 2 Satz 1 WPAnrV gestellt wird.

Die Prüfungsstelle hat diesen Referenzrahmen bei der Prüfung von Anträgen nach § 8 Abs. 1 WPAnrV auf Bestätigung der Gleichwertigkeit von schriftlichen und mündlichen Prüfungsleistungen nach § 7 Abs. 2 Satz 2 Nr. 1 WPAnrV anzuwenden, die in einem Studium erbracht worden sind, das spätestens am 1. Juni 2018 begonnen wurde. Den Hochschulen wird eine frühere Anpassung an diesen Referenzrahmen empfohlen.

b) Wesentliche Änderung des Studiengangs

Gemäß § 6 Abs. 4 WPAnrV kann die Prüfungsstelle die Anrechnung von Leistungen auf das Wirtschaftsprüfungsexamen versagen, wenn der Masterstudiengang nach der Akkreditierung wesentlich umgestaltet wird, so dass eine besondere Eignung nach § 1 WPAnrV ganz oder in Teilen entfallen ist. Beabsichtigte Veränderungen des Studienganges, die möglicherweise die Voraussetzungen der Akkreditierung berühren, sind daher der Akkreditierungsagentur anzuzeigen und bedürfen deren Zustimmung.

Eine Anpassung an diesen Referenzrahmen ist keine wesentliche Änderung, jedoch der Akkreditierungsagentur anzuzeigen.

Anlage 1 – Lehrpläne (Curricula)

I. Allgemeiner Teil

A. Rechtsgrundlagen

1. Zielsetzung

Diese Lehrpläne (Curricula) ergänzen den Referenzrahmen nach § 4 WPAnrV. Sie sind für die Anerkennung von Hochschulausbildungsgängen nach § 8a WPO und die Anrechnung gleichwertiger Prüfungsleistungen für eine verkürzte Prüfung nach § 13b WPO gedacht. Die Curricula fassen für jedes Prüfungsgebiet die zu erreichenden Lernziele zusammen.

Der Gesetzgeber hat diese beiden Möglichkeiten für die Schaffung besonderer Hochschulausbildungsgänge eingeräumt, um die Qualifikation als Wirtschaftsprüfer oder Wirtschaftsprüferin zu erlangen. Sie treten neben den herkömmlichen Examensweg für das Wirtschaftsprüfungsexamen.

Demgemäß ist die hohe Qualität der Ausbildung zum Beruf des Wirtschaftsprüfers oder der Wirtschaftsprüferin zu sichern. Es gilt die vom Gesetzgeber der WPO geforderte Gleichwertigkeit der Qualifikationswege und der Prüfungsleistungen (§ 4 Abs. 2, § 7 Abs. 2 Satz 3 WPAnrV). Dafür gibt der Referenzrahmen, auf den hier insgesamt Bezug genommen wird, mit seinen gesetzlichen Vorgaben das Maß.

2. Berechtigung

Das Gremium nach § 4 WPAnrV hat mit der Erstellung dieser Lehrpläne (Curricula) von seiner Berechtigung gemäß § 4 Abs. 2 Satz 5 WPAnrV Gebrauch gemacht. Die Lehrpläne (Curricula) werden als Anlage des Referenzrahmens vom 24. Oktober 2016 veröffentlicht. Die Besetzung des Gremiums ist aus Ziffer 1.c) des Referenzrahmens ersichtlich.

3. Übereinstimmung

Das Gremium hat bei Erstellung der Lehrpläne (Curricula) in dem Bewusstsein und unter Wahrung der grundgesetzlich garantierten Freiheit der Wissenschaft in Forschung und Lehre (Art. 5 Abs. 3 GG) nach den gesetzlichen Maßgaben, insbesondere § 4 WiPrPrüfV und §§ 2 und 4 WPAnrV, gehandelt.

B. Allgemeine Regeln

1. Grundsätze

(1) Das Lehrangebot muss nach § 2 Abs. 2 WPAnrV die theoretischen und praktischen Aspekte der Ausbildung des Wirtschaftsprüfers oder der Wirtschaftsprüferin in ausgewogener Form berücksichtigen, hohe Anforderungen an eine umfassende Entwicklung der erforderlichen sozialen Kompetenz stellen und die in § 2 Abs. 1 WPAnrV genannten Kenntnisse und Fähigkeiten vermitteln.

(2) Der Maßstab ist dabei jeweils die Kompetenzausprägung, die für jedes Prüfungsgebiet im Referenzrahmen (Ziffer 4.e)) festgelegt worden ist, wie folgt:

1. **Grundwissen**: Studierende kennen die wesentlichen Definitionen und können die herrschende Meinung wiedergeben.
    (Kompetenzausprägung **A**)
2. **Verständnis**: Studierende können das Wissen ordnen und es systematisch wiedergeben sowie Probleme erkennen.
    (Kompetenzausprägung **B**)
3. **Anwendung**: Studierende können das erworbene Wissen anwenden und eigene Berechnungen sowie Interpretationen erstellen; sie können Einzelfälle angemessen beurteilen und die Ergebnisse auswerten.
    (Kompetenzausprägung **C**)
4. **Analyse**: Studierende können komplexe Problemstellungen erkennen und auf Grundlage der erworbenen Erfahrung analysieren.
    (Kompetenzausprägung **D**)
5. **Synthese**: Studierende können korrigierend in Prozesse eingreifen, neue Vorgehensweisen entwickeln und Verbesserungsvorschläge unterbreiten; dazu gehört auch die Fähigkeit, die eigene Leistung angemessen darzustel-

len und lösungsorientiert weiterzuentwickeln.
(Kompetenzausprägung **E**)

6. **Bewertung**: Studierende können Werturteile abgeben, Vergleiche heran-
    ziehen und richtige Schlussfolgerungen ziehen, sie können Prognosen er-
    stellen und die eigenen Aussagen rechtfertigen.
    (Kompetenzausprägung **F**)

(3) Schriftliche und mündliche Prüfungen müssen gleichwertig sein und solchen des Wirtschaftsprüfungsexamens entsprechen. Die Gleichwertigkeit ist
anhand des Referenzrahmens nach § 4 Abs. 1 WPAnrV und den vorliegenden, darauf basierenden Lehrplänen (Curricula) zu beurteilen (§ 4 Abs. 2
Satz 5 WPAnrV).

(4) Das gilt auch für die Zugangsprüfung (Referenzrahmen, Ziffer 4.g)).

2. Berufsprofil

Die Modulinhalte sollen in den einzelnen Prüfungsgebieten (§ 4 WiPrPrüfV)
insbesondere Themen ansprechen, die für die Berufsausübung von besonderer Relevanz sind (§ 7 Abs. 1, § 15 Abs. 2 Satz 4 WiPrPrüfV).

Nach den Vorstellungen des Berufsstandes ist das Berufsprofil wie folgt um-
schrieben[16]: Wirtschaftsprüfer und Wirtschaftsprüferinnen erbringen auf der
Grundlage ihrer besonderen fachlichen Qualifikation und ihrer beruflichen
Sorgfaltspflicht Leistungen unabhängig, persönlich und eigenverantwortlich
für ihre Auftraggeber und im Interesse der Öffentlichkeit. Damit nehmen sie
Sicherungsfunktionen für die Wirtschaft wahr und schaffen Vertrauen bei
Kapitalmarkt, Anteilseignern, Gläubigern und der sonstigen interessierten
Öffentlichkeit. Sie führen gesetzliche Jahresabschlussprüfungen und sonstige
Pflichtprüfungen durch, die wegen ihrer öffentlichen Bedeutung ausschließlich diesem Berufsstand vorbehalten sind. Wirtschaftsprüfer und Wirtschaftsprüferinnen erbringen weitere Dienstleistungen, wie sonstige betriebswirtschaftliche Prüfungen, Unternehmensbewertungen, die Beratung und
Vertretung in steuerlichen Angelegenheiten, die Gutachter- und Sachverstän-
digentätigkeit in allen Bereichen der wirtschaftlichen Betriebsführung, die
treuhänderische Verwaltung und die Beratung in wirtschaftlichen Angelegenheiten. Sie erfüllen mit ihrer Berufsausübung hohe ethische und fachliche An-

---

[16] Vgl. hierzu http://www.wpk.de/mitglieder/leitbild-wpvbp.

forderungen, die sich aus Gesetzen, Satzungen, nationalen und internationalen Regeln ergeben.

Maßgebend sind die im Referenzrahmen, Ziffer 4.a), genannten gesetzlichen Vorgaben.

3. Interdisziplinarität

Masterstudiengänge nach § 8a WPO können ein interdisziplinäres Lehrangebot aufweisen. Wissensgebiete mit Bezug zu mehreren Prüfungsgebieten gem. § 4 WiPrPrüfV, wie z. B.

- Rechnungslegung und Unternehmensbewertung (Prüfungsgebiete Wirtschaftliches Prüfungswesen, Unternehmensbewertung und Berufsrecht, Angewandte Betriebswirtschaftslehre, Volkswirtschaftslehre sowie Wirtschafts- und Steuerrecht)
- Corporate Governance (Prüfungsgebiete Angewandte Betriebswirtschaftslehre, Volkswirtschaftslehre sowie Wirtschafts- und Steuerrecht)
- Berufsrecht (Prüfungsgebiete Wirtschaftliches Prüfungswesen, Unternehmensbewertung und Berufsrecht sowie Wirtschaftsrecht)

können in fachübergreifenden Lehrveranstaltungen behandelt werden. Auch das Seminar (s. u. II.) und die Masterabschlussarbeit können prüfungsgebietsübergreifende praxisrelevante Fragestellungen behandeln; Voraussetzung ist, dass die Zuordnung zu dem Prüfungsgebiet „Wirtschaftliches Prüfungswesen, Unternehmensbewertung und Berufsrecht" sichergestellt bleibt (§ 3 Nr. 4 WPAnrV).

4. Europäische und internationale Aspekte

Wirtschaftsprüfer und Wirtschaftsprüferinnen wirken in einem europäischen, international geprägten Arbeitsfeld. Die hier zugrunde liegende Novelle der Wirtschaftsprüferordnung zielt nach den benannten Rechtsvorgaben auf „eine breitere und international angepasste Qualifizierung zum Wirtschaftsprüfungsexamen": Das Berufsbild werde damit, so die Gesetzesbegründung,[17] attraktiver und die Wettbewerbsfähigkeit des Berufsstandes durch qualifizierten Nachwuchs gestärkt und den Zukunftsanforderungen gerecht.

---

[17] WPRefG, Gesetzentwurf vom 25.06.2003, BT-Drucks. 15/1241, S. 1.

Die Internationalisierung des Berufsstandes schreitet mit dem Binnenmarkt der Europäischen Union und einem global geprägten Kapitalmarkt sowie weltweiter Vernetzungen und Konzentration weiter fort. Angesichts der zunehmenden „Komplexität und Internationalisierung des Wissens" ist mit der gesetzlichen Streichung des Fakultätsvorbehaltes[18] der Horizont erweitert worden. Die maßgeblichen Vorschriften der Europäischen Union im Binnenmarkt, namentlich die Bedingungen für die Personen, die Abschlussprüfungen durchführen, werden zunehmend harmonisiert und immer wieder angepasst, z.B. in der Richtlinie 2014/56/EU und in der Verordnung (EU) Nr. 537/2014.

Diese Entwicklungen sind in allen Prüfungsgebieten sowie bei der Gestaltung des Masterstudienganges angemessen zu berücksichtigen. Demgemäß vermittelt die Ausbildung europäische und internationale Grundlagen, Inhalte und Bezüge insgesamt; insbesondere auch dort, wo die Prüfungsgebiete (§ 4 WiPrPrüfV) nicht ausdrücklich Bezeichnungen wie „international(es)", „Europa(recht)" o.ä. tragen. Ergänzend und profilbildend in Betracht kommen z.B. die Kooperation mit ausländischen Partnern (Hochschulen, Unternehmen) für den Austausch von Dozenten und für Praktika sowie begleitende Fremdsprachenausbildung.

5. Digitalisierung

Die vorbenannten europäischen und internationalen Aspekte umfassen die Digitalisierung. Bereits der Gesetzgeber der Novelle der Wirtschaftsprüferordnung sah die „Zukunftsanforderungen" an den Berufsstand und dessen Träger, die sich „aus dem steigenden Bedarf an gesicherter Kapitalmarktinformation im Zeitalter globaler Datenströme und hoher Technologisierung ergeben".[19] Die Digitalisierung („Big Data") erfasst und durchdringt die Unternehmens- und Geschäftswelt sowie die Hochschullandschaft erheblich.

Das gebietet, die Digitalisierung angemessen bei der Ausbildung in den relevanten Prüfungsgebieten über § 4 Abs. 2 Nr. 3 WiPrPrüfV (Informationstechnologie) hinaus zu beachten. In Betracht kommen – interdisziplinär (s.o. Ziffer 3) – z.B. Prüfungs- und Haftungsfragen, Corporate Governance, E-Bilanz und elektronische Unternehmenspublizität.

---

18 WPRefG, Gesetzentwurf vom 25.06.2003, BT-Drucks. 15/1241, S. 30.
19 WPRefG, Gesetzentwurf vom 25.06.2003, BT-Drucks. 15/1241, S. 1.

II. ECTS-Verteilung

Studieninhalt Masterstudium gem. § 8a WPO

Master

	ECTS-Leistungspunkte
	120
• Masterabschlussarbeit (Prüfungswesen)	15
• Seminar Prüfungswesen	5

Wirtschaftliches Prüfungswesen	Steuerrecht	Angewandte BWL, VWL	Wirtschaftsrecht
25 ECTS	25 ECTS	25 ECTS	25 ECTS → 100

Wirtschaftliches Prüfungswesen (25 ECTS)

	ECTS
Rechnungslegung Jahresabschluss und Sonderfälle der Rechnungslegung	3
Konzernabschluss und IFRS	5
Prüfung der Rechnungslegung	6
Sonderprüfungen	5
Grundzüge und Prüfung der Informationstechnologie	2
Unternehmensbewertung	2
Berufsrecht	2

Steuerrecht (25 ECTS)

	ECTS
Abgabenordnung und Nebengesetze/Finanzgerichtsordnung	4
Einkommensteuer/Körperschaftsteuer/Gewerbesteuer	8
Bewertungsgesetz/Erbschaftsteuer/Grundsteuer	3
Umsatzsteuer/Grunderwerbsteuer	4
Umwandlungssteuerrecht	3
Internationales Steuerrecht	3

Angewandte BWL, VWL (25 ECTS)

	ECTS
Kosten- und Leistungsrechnung/Planungs- und Kontrollinstrumente/Unternehmensführung/Organisation	6
Unternehmensfinanzierung/Investitionsrechnung	6
Methodische Problemstellungen der externen Rechnungslegung	4
Corporate Governance	2
Unternehmensbewertung	2
Volkswirtschaftslehre	5

Wirtschaftsrecht (25 ECTS)

	ECTS
Bürgerliches Recht/Arbeitsrecht/Internationales Privatrecht	4
Handelsrecht/internationales Kaufrecht	2
Gesellschaftsrecht/Konzernrecht	7
Corporate Governance	2
Kapitalmarktrecht	3
Umwandlungsrecht	3
Insolvenzrecht	2
Europarecht	2

Zugangsprüfung

1) Inhalt: Alle Prüfungsgebiete gem. § 4 WiPrPrüfV (vgl. Referenzrahmen, Abschnitt 4. g)

2) Kompetenzausprägung: Entsprechend dem Referenzrahmen (Ausbildungsphase Zugangsprüfung; vgl. Referenzrahmen, Abschnitt 4. e))

3) Umfang: 2 Klausuren (je 3 Stunden). Bestehen jedes der 4 Prüfungsgebiete erforderlich, ggf. zusätzliche mündliche Prüfung

III. Besonderer Teil – Lernziele

A. Wirtschaftliches Prüfungswesen, Unternehmensbewertung und Berufsrecht

Rechnungslegung (Kompetenzausprägung F), insbesondere

- Beurteilung, ob die Rechnungslegung (Jahres- und Konzernabschluss sowie Lage- und Konzernlagebericht) des Unternehmens in ihren wesentlichen Aussagen im Einklang mit den jeweiligen Vorschriften und den regulatorischen Anforderungen steht;
- Beurteilung, ob die Erfassung, die Bewertung, der Ausweis und die Angaben zu den Geschäftsvorfällen und Ereignissen im Jahresabschluss im Einklang mit den jeweiligen Vorschriften und den regulatorischen Anforderungen steht;
- Beurteilung von Schätzungen von Zeitwerten durch das Management;
- Beurteilung der Angemessenheit des Jahres- und Konzernabschlusses im Hinblick auf die Geschäftstätigkeit des Unternehmens, das Unternehmensumfeld sowie im Hinblick auf die Fähigkeit zur Unternehmensfortführung (z. B. Jahresabschlussanalyse).

Prüfung (Kompetenzausprägung F), insbesondere

- Fähigkeit zur Erkennung und Beurteilung von Risiken wesentlicher Falschdarstellungen und Entwicklung einer Prüfungsstrategie;
- Entwicklung von prüferischen Reaktionen auf erkannte Risiken für wesentliche Falschdarstellungen;
- Beurteilung, ob die Prüfung nach Maßgabe der anzuwendenden Prüfungsstandards und der relevanten Gesetze und Vorschriften durchgeführt und dokumentiert wurde;
- Entwicklung einer angemessenen Prüfungsaussage und eines aussagefähigen Prüfungsberichts und Bestätigungsvermerks;
- Kenntnisse der Anforderungen von sonstigen gesetzlich vorgeschriebenen Prüfungen sowie von anderen betriebswirtschaftlichen Prüfungen.

Grundzüge und Prüfung der Informationstechnologie (Kompetenzausprägung E), insbesondere

- Beurteilung der Auswirkung der IT auf die Prüfungsstrategie;

- Beurteilung der IT-Umgebung des Unternehmens zur Identifizierung von IT-Kontrollen, die für die Prüfung relevant sind;
- Beurteilung der Funktionsfähigkeit von IT-Kontrollen ggf. unter Nutzung von Datenanalysetechniken.

Unternehmensbewertung (Kompetenzausprägung F), insbesondere

- vertiefte inhaltliche und methodische Kenntnisse elementarer kapitalmarktbasierter Unternehmensbewertungsmodelle und berufsständischer Regelungen (z.B. IDW S1).

Berufsrecht (Kompetenzausprägung F), insbesondere

- Kenntnisse zur Organisation des Berufs, der Berufsaufsicht, der Berufsgrundsätze einschließlich der Grundsätze zur Unabhängigkeit für die Entwicklung der professionellen Grundeinstellung;
- Fähigkeit, Prüfungsqualität unter Berücksichtigung des öffentlichen Interesses zu forcieren;
- Befähigung zu „Professional Skepticism" und „Professional Judgment" bei der Planung und Durchführung einer Prüfung sowie bei der abschließenden Berichterstattung und der Abfassung des Bestätigungsvermerks;
- Kenntnisse und Umsetzung internationaler Anforderungen (z.B. IESBA Code of Ethics).

B. Angewandte Betriebswirtschaftslehre, Volkswirtschaftslehre

Kosten- und Leistungsrechnung/Planungs- und Kontrollinstrumente/Unternehmensführung und Unternehmensorganisation (Kompetenzausprägung F), insbesondere

- konzeptionelle Einordnung und Bewertung wesentlicher Instrumente des Controllings bzw. der Kosten- und Leistungsrechnung;
- Beurteilung strategischer und operativer Methoden der Planung, Steuerung und Kontrolle von wirtschaftlichen Entscheidungen in Unternehmen (z.B. im Rahmen eines Investitionscontrollings);
- Beurteilung organisatorischer Gestaltungsalternativen sowie der Verhaltensimplikationen von Anreizsystemen und Performancemessungssystemen (z.B. Vergütungsfragen).

Unternehmensfinanzierung und Investitionsrechnung (Kompetenzausprägung F), insbesondere

- Kenntnisse fortgeschrittener finanztheoretischer Methoden sowie Umsetzung und Beurteilung von Modellen der Investitions- und Finanzierungstheorie anhand konkreter Fallbeispiele unter besonderer Berücksichtigung des Kapitalmarktes;
- Kenntnisse und Beurteilung von Finanzierungsformen und Finanzierungsplanung;
- Fähigkeit zur Prognose und Bewertung finanzwirtschaftlicher Risiken;
- Kenntnisse über Aufgaben, Funktionen und Zusammenwirken verschiedener Faktoren bei Investitions- und Finanzierungsentscheidungen sowie Beurteilung der Auswirkungen von Anreizen;
- Beurteilung der finanziellen Unternehmenssituation auf Basis theoretischer Konzeptionen und aktueller Entwicklungen.

Methodische Problemstellungen der externen Rechnungslegung, der Corporate Governance und der Unternehmensbewertung (Kompetenzausprägung F), insbesondere

- Anwendung von Bilanzierungs- und Bewertungsmethoden auf Fallbeispiele und Beurteilung der Qualität der Unternehmensberichterstattung im Einzel- und Konzernabschluss sowie im (Konzern-)Lagebericht;
- vertiefte Kenntnisse der inhaltlichen und methodischen Kompetenzen im Bereich der Corporate Governance (z. B. DCGK), Funktionen und Zusammenwirken der Unternehmensorgane sowie kapitalmarktbezogene Kommunikation, Beurteilung und Würdigung von Anreiz- und Kontrollmechanismen (z. B. monistisches vs. dualistisches System);
- Erkennen von bilanzpolitischen Gestaltungen und deren Auswirkungen auf die betriebswirtschaftliche Analyse der Unternehmen;
- vertiefte inhaltliche und methodische Kenntnisse elementarer kapitalmarktbasierter Unternehmensbewertungsmodelle und berufsständischer Regelungen;
- Fähigkeit zur Beurteilung, ob bei Wertermittlungen angemessene Unternehmensbewertungsmodelle eingesetzt werden (z. B. Beteiligungsbewertung).

Volkswirtschaftslehre (Kompetenzausprägung D), insbesondere

- Kenntnisse mikro- und makroökonomischer Konzepte sowie die Fähigkeit zur Analyse mikro- und makroökonomischer Problemstellungen;
- Kenntnisse geld- und fiskalpolitischer Konzepte sowie die Fähigkeit zur Analyse geld- und fiskalpolitischer Problemstellungen (z. B. Niedrigzinspolitik und Bilanzierung);
- Kenntnisse finanzwissenschaftlicher Konzepte sowie die Fähigkeit zur Analyse finanzwissenschaftlicher Problemstellungen;
- Anwendung der theoretischen Modelle auf die Unternehmenspraxis und Analyse aktueller gesamtwirtschaftlicher Entwicklungen anhand der theoretischen Konzepte sowie die Darstellung konkreter Folgewirkungen von politischen Entscheidungen.

C. Wirtschaftsrecht

Bürgerliches Recht/Arbeitsrecht/Internationales Privatrecht (Kompetenzausprägungen F/F/D), insbesondere

- Kenntnisse des Rechts der vertraglichen und gesetzlichen Schuldverhältnisse sowie des Sachenrechts und Erbrechts, insbesondere Privatautonomie/Vertragsfreiheit, Rechtsgeschäftslehre, Vertretung und Vollmacht, Rechenschaft (Bilanzrecht), Allgemeine Geschäftsbedingungen, Kauf- und Werkverträge, Darlehen, Miete, Leasing und Factoring, Zahlungssicherung (Bürgschaften, Garantien, Patronatserklärungen), Forderungsabtretung, Geschäftsbesorgung, Delikts-, Gefährdungs- und Produkthaftung, Eigentumserwerb von Mobilien und Immobilien, Kreditsicherungsrecht (Pfandrechte an Mobilien und Rechten, Dienstbarkeiten, Reallasten, Hypothek, Grund- und Rentenschuld, Sicherungsabtretung und -übereignung, Eigentumsvorbehalt), Erbbaurecht, Testamentsvollstreckung und Nachlassverwaltung;
- Kenntnisse des Arbeitsvertragsrechts einschließlich des Kündigungsrechts und des Sozialversicherungsrechts;
- Kenntnisse des EGBGB sowie der EG-VO Rom I und Rom II.

Handelsrecht/internationales Kaufrecht (Kompetenzausprägung F), insbesondere

- vertiefte Kenntnisse des Handelsrechts, insbesondere Handels- und Unternehmensregister, Unternehmensfortführung, Prokura und Handlungsvollmacht, Handelsbrauch, kaufmännisches Bestätigungsschreiben, Kontokorrent, Kommissionsgeschäft;

- Kenntnisse des Internationalen Warenkaufs (CISG).

Gesellschafts- und Konzernrecht/Corporate Governance/Kapitalmarktrecht (Kompetenzausprägung F), insbesondere

- vertiefte Kenntnisse des Rechts der Personengesellschaften (GbR, OHG, KG, GmbH & Co KG, Partnerschaftsgesellschaft, stille Gesellschaft): insbesondere Gründung, Gesellschaftsvertrag, Rechte und Pflichten der Gesellschafter, Gesellschafterversammlung, Gesellschafterwechsel, Gesellschafterhaftung, Geschäftsführung und Vertretung, Rechnungslegung, Liquidation;

- vertiefte Kenntnisse des Rechts der Kapitalgesellschaften: GmbH: insbesondere Gründung, Gesellschaftsvertrag, Gesellschafter: Rechte und Pflichten, Versammlung, Wechsel, Haftung, Kapitalaufbringung und -erhaltung, Geschäftsführer: Rechte, Pflichten, Weisungsgebundenheit, Haftung, Aktiengesellschaft: Gründung, Nachgründung, Satzung, Rechte und Pflichten des Aktionärs, Kapitalaufbringung und -erhaltung, Organe: Pflichten, Rechte, Kompetenzen und Organisation von Vorstand, Aufsichtsrat und Hauptversammlung, Business Judgment Rule, Ausschluss von Minderheitsaktionären, Rechnungslegung und Publizität, KGaA: insbesondere rechtliche Besonderheiten, Genossenschaft: insbesondere rechtliche Besonderheiten, SE: insbesondere Gründungsvoraussetzungen, monistisches und dualistisches System;

- vertiefte Kenntnisse des Rechts der verbundenen Unternehmen, insbesondere §§ 15ff. AktG; Vertragskonzern: Unternehmensverträge: Arten, rechtliche Voraussetzungen und Folgen, Gläubiger- und Aktionärsschutz, Aufhebung; faktischer Konzern: rechtliche Voraussetzungen und Folgen, Verantwortlichkeit und Schadensersatzansprüche; GmbH-Konzern, Konzernrechnungslegung;

- vertiefte Kenntnisse der Corporate Governance, insbesondere Pflichten nach §§ 90 und 91 AktG, DCGK, Entsprechenserklärung gemäß § 161 AktG, Haftung und Sanktionen, Compliance;

- Kenntnisse des Kapitalmarktrechts, insbesondere Wertpapierhandelsrecht, Wertpapierübernahmerecht, Börsenrecht, Delisting, Squeeze-out, Spruchverfahren, Prospektrecht, Internationale Rechnungslegung; Bundesanstalt für Finanzdienstleistungsaufsicht.

Umwandlungsrecht (Kompetenzausprägung F), insbesondere

- vertiefte Kenntnisse des Umwandlungsrechts, insbesondere Verschmelzung, Spaltung, Vermögensübertragung, Formwechsel: rechtliche Voraussetzungen und Folgen, Prüfungen, Bewertung von Unternehmen.

Insolvenzrecht (Kompetenzausprägung F), insbesondere

- Kenntnisse des Insolvenzrechts, insbesondere Insolvenzprinzipien, Insolvenzgründe, Insolvenzverschleppung, Verfahrensbeteiligte, Insolvenzplan, Eigenverwaltung, Schutzschirmverfahren, Aussonderungs- und Absonderungsrechte, Bewertung bei Sanierung, Restrukturierung (Reorganisation), Insolvenz im Konzern.

Europarecht (Kompetenzausprägung D), insbesondere

- Kenntnisse des Europarechts, insbesondere EUV und AEUV: Grundfreiheiten, Organe, Primär- und Sekundärrecht: Verordnungen und Richtlinien, Rechtsetzung, EU-Gerichtsbarkeit, Rechtsschutz, Finanzmarktregulierung im Binnenmarkt, Wirtschafts- und Währungsunion, Handels- und Investitionsschutzabkommen.

„Vertiefte Kenntnisse" setzen über das Gesetzesrecht hinaus die Kenntnis der – vor allem höchstrichterlichen – Rechtsprechung und des Meinungsstandes im rechtswissenschaftlichen Schrifttum voraus.

D. Steuerrecht

Abgabenordnung und Nebengesetze/Finanzgerichtsordnung (Kompetenzausprägung F), insbesondere

- Kenntnisse über Aufbau, Organisation und Zuständigkeit der für Abgabensachen zuständigen Behörden und Gerichte;
- vertiefte Kenntnisse des Steuerschuld- und -verfahrensrechts (insbesondere allgemeine Verfahrensregeln, Ermittlung der Besteuerungsgrundlagen, Außenprüfung, Fristen, Termine, Wiedereinsetzung, Vorbehaltsfestsetzungen, Steueranmeldungen, vorläufige und ausgesetzte Steuerfestsetzungen, Feststellungsbescheide, Festsetzungsverjährung, Zahlungsverjährung, Berichtigung und Änderung von Bescheiden, Haftung, Rechtsbehelfsverfahren, Vollstreckung, Klagen und Rechtsmittel im Steuerprozess, vorläufiger Rechtsschutz, Rechtsschutz im Recht der EU, Grundzüge des Straf- und Bußgeldverfahrens).

Recht der Steuerarten (Kompetenzausprägung F),

- vertiefte Kenntnisse der Einkommen-, Körperschaft-, Gewerbesteuer, einschließlich des Bilanzsteuerrechts;

- vertiefte Kenntnisse des Bewertungsgesetzes, der Erbschaftsteuer und Grundsteuer;

- vertiefte Kenntnisse der Umsatzsteuer, Kenntnisse der Grunderwerbsteuer;

- vertiefte Kenntnisse des Umwandlungssteuerrechts, insbesondere Kenntnisse über Steuerpflicht, Ermittlung der Bemessungsgrundlagen (z. B. Einkunfts- und Umsatzermittlung, Einkunftsabgrenzung, steuerliche Options- und Wahlrechte), Freibeträge, Tarife, Steuersätze, besondere Erhebungs- und Verfahrensarten, Einfluss der Besteuerung auf unternehmerische Entscheidungen, Rechtsformwahl und Finanzierung von Unternehmen, Steuern im Konzern (Organschaft, steuerliche Auswirkungen von Unternehmensverträgen), Unternehmenskauf und -verkauf, Unternehmensnachfolge.

Internationales Steuerrecht (Kompetenzausprägung F), insbesondere Kenntnisse über

- unbeschränkte, beschränkte, erweitert beschränkte Steuerpflicht;

- innerstaatliche Maßnahmen zur Vermeidung einer internationalen Doppelbesteuerung;

- Doppelbesteuerungsabkommen;

- Besteuerung grenzüberschreitender Geschäftstätigkeit;

- Einkunfts- und Vermögensabgrenzung international verbundener Unternehmen;

- das Außensteuergesetz;

- verfahrensrechtliche Fragen bei Auslandssachverhalten.

„Vertiefte Kenntnisse" setzen über das Gesetzesrecht hinaus die Kenntnis der – vor allem höchstrichterlichen – Rechtsprechung und des Meinungsstandes im steuerlichen Schrifttum voraus.

Anlage 2 –
Dokumentation durch Modulhandbücher

Die Dokumentation soll den Studierenden, den Gutachtern in Akkreditierungs- und in Feststellungsverfahren sowie der Prüfungsstelle zuverlässige Informationen über Studienverlauf, Inhalte, qualitative und quantitative Anforderungen im Sinne funktionsbezogener Kompetenzen entsprechend den Abstufungen nach Nr. 4.d) und die Einbindung in das Gesamtkonzept des Studiengangs oder das Verhältnis zu anderen Modulen bieten. Die Dokumentation sollte mindestens folgende Angaben enthalten:

- Modulname
- Art des Moduls (Pflicht oder Wahlpflicht)
- Zuordnung zu den verschiedenen Bereichen des Studiengangs
- Voraussetzungen für die Teilnahme
- Inhalte (einschließlich zeitlicher Gewichtung und Kreditpunkte)
- Kompetenzausprägung:
  - Teilnahmevoraussetzung: (Kompetenzstufe gemäß Nr. 4.d))
  - Lernziel: (Kompetenzstufe gemäß Nr. 4.d))
- Anzahl der für das Modul zu vergebenden Kreditpunkte
- die möglichen Lehr- und Lernformen
- Prüfungsvorleistungen beziehungsweise Studiennachweise
- Modulprüfung (Art, Form, Dauer und ggf. Inhalt)
- Verwendbarkeit der Module
- Modulbeauftragte/Modulbeauftragter
- Dozenten und deren fachinhaltliche Zuordnung
- zeitliche Einordnung der Module
- Bildung der Modulnote
- Lernmaterialien
- aktuelle Literaturangaben
- ggf. Kennzeichnung als Importmodul
- Unterrichts-/Prüfungssprache
- Angebotszyklus (z. B. jährlich oder jedes Semester).

Anlage 3 – Hinweise für Examenskandidatinnen und Examenskandidaten mit Verkürzung gemäß § 13b WPO

Für das Zulassungsverfahren zum Wirtschaftsprüfungsexamen der einzelnen Teilnehmenden gilt Folgendes:

Die Feststellung setzt die Vorlage der Leistungsnachweise voraus (§ 9 Abs. 2 Satz 1 WPAnrV).

Leistungsnachweise für schriftliche und mündliche Prüfungen in einem oder beiden der Prüfungsgebiete „Angewandte Betriebswirtschaftslehre, Volkswirtschaftslehre" und „Wirtschaftsrecht" eines Studiengangs werden gemäß § 7 Abs. 1 WPAnrV auf das Wirtschaftsprüfungsexamen angerechnet, wenn

1. die Prüfungen als gleichwertig festgestellt werden,

2. das gewählte Haupt- oder Schwerpunktfach den wesentlichen Inhalten eines oder beider Prüfungsgebiete „Angewandte Betriebswirtschaftslehre, Volkswirtschaftslehre" und „Wirtschaftsrecht" entspricht und

3. hierin Prüfungsleistungen erbracht worden sind.

Für § 9 WPAnrV in der bis zum 17. Juni 2009 geltenden Fassung gilt: Der Antragsteller muss für jeden Leistungsnachweis eine Bestätigung der Hochschule, die den Leistungsnachweis ausgestellt hat, vorlegen, dass die Prüfung gleichwertig i. S. d. § 7 Abs. 2 WPAnrV ist. Die Bestätigung muss von der Fakultäts- bzw. Fachbereichsleitung oder dem zuständigen Prüfungsamt erteilt werden. Es reicht nicht aus, wenn der Prüfer, der die Prüfung abgenommen hat, deren Gleichwertigkeit bestätigt. Die Bestätigung der Hochschule unterstützt die Prüfungsstelle bei ihrer Entscheidung über die Feststellung der Gleichwertigkeit von Prüfungsleistungen. Die Bestätigung der Hochschule tritt nicht an die Stelle der Entscheidung der Prüfungsstelle.

II. AuditXcellence und Profile anerkannter Hochschulen

„Big Four" – AuditXcellence-Programm

Master of Science, Master of Arts (§ 8a WPO)

„AuditXcellence The Master Program in Auditing" – Karrierestart mit Perspektive

Von Dr. Klaus Dyck und Thomas M. Orth

A. Einführung

Alljährlich stellen die großen Wirtschaftsprüfungsgesellschaften (sogenannte „Big Four") eine große Anzahl qualifizierter Hochschulabsolventen[1] ein, gelten doch die Ausbildung zum Wirtschaftsprüfer und die „Lehrzeit" bei einer der großen Wirtschaftsprüfungsgesellschaften traditionell als Königsweg für eine erfolgreiche Karriere im Finanzbereich. Allerdings sind die Absolventen durch die Bachelor- und Masterausbildung nicht nur jünger geworden, auch die Qualifikationen der Absolventen sind deutlich heterogener geworden. Um langfristig das bisherige Qualitätsniveau im prüfenden Beruf zu gewährleisten und für ausreichenden Nachwuchs als Berufsträger zu sorgen, haben die Big Four gemeinsam mit Hochschullehrern im Jahre 2012 einen Masterstudiengang mit dem Brand „AuditXcellence The Master Program in Auditing" entwickelt. Dieser berufsbegleitende Studiengang ist gezielt auf die Bedürfnisse des Nachwuchses in der Wirtschaftsprüfung ausgerichtet und eröffnet der gesamten Branche eine strukturierte, praxisorientierte und zukunftsweisende Ausbildung.

---

[1] Die hier gewählten Bezeichnungen beziehen sich stets auf Personen aller Geschlechter.

B. Zielsetzung, Konzeption und Inhalte des Masterstudiengangs „AuditXcellence"

1. Zielsetzung

Das AuditXcellence-Programm bietet den Mitarbeitern aller WP-Gesellschaften eine anspruchsvolle universitäre Ausbildung auf hohem wissenschaftlichem Niveau. Gleichzeitig gewährleistet es – integriert in das Studium – eine optimale, zielgerichtete und zügige Vorbereitung auf das WP-Examen mit einer hohen Erfolgsquote. Zudem ermöglicht das Programm durch eine enge Verzahnung von relevanter Theorie und Prüfungspraxis eine maßgeschneiderte Entwicklungsplanung für den Berufsnachwuchs.

2. Konzeption und Inhalte

Masterstudiengang

Die Konzeption des Masterstudiums fokussiert auf die Schwerpunkte Accounting, Auditing, Taxation sowie Law und vermittelt die Kenntnisse und Fähigkeiten, die dem Berufsprofil des Wirtschaftsprüfers entsprechen. Der Studiengang schließt mit dem international anerkannten Abschluss als „Master of Science" oder „Master of Arts" ab. Inhaltlich orientiert sich der Masterstudiengang am sog. Referenzrahmen der Wirtschaftsprüferkammer (vgl. www.wpk. de/fileadmin/documents/Nachwuchs/Examen/WPK_Examen-Pruefungsstelle_Referenzrahmen_24-10-2016.pdf) und entspricht den Vorschriften des § 8a WPO. Im Einzelnen umfassen die Studieninhalte folgende Wissensgebiete des Wirtschaftsprüfungsexamens:

- „Wirtschaftliches Prüfungswesen, Unternehmensbewertung und Berufsrecht" (kurz: PW),
- „Angewandte Betriebswirtschaftslehre/Volkswirtschaftslehre" (kurz: BWL),
- „Wirtschaftsrecht" (kurz: WiRe) und
- „Steuerrecht" (kurz: St).

Einen Überblick über die Studieninhalte und deren grobe Gewichtung anhand der zu vergebenden ECTS-Punkte gibt nachstehende Grafik[2]:

---

2 Vgl.: Referenzrahmen für die Anerkennung von Studiengängen nach § 8a Gesetz über eine Berufsordnung der Wirtschaftsprüfer (Wirtschaftsprüferordnung – WPO) und die Anrechnung von Prüfungsleistungen nach § 13b WPO, Seite 27.

Studieninhalt Masterstudium gemäß § 8a WPO

120 ECTS-Punkte:

Masterabschlussarbeit (Prüfungswesen)   15
Seminar Prüfungswesen   5

Master

Wirtschaftliches Prüfungswesen
25 ECTS

Rechnungslegung	
Jahresabschluss u. Sonderfälle der Rechnungslegung	3
Konzernabschluss und IFRS	5
Prüfung d. Rechnungslegung	6
Sonderprüfungen	5
Grundzüge u. Prüfung der Informationstechnologie	2
Unternehmensbewertung	2
Berufsrecht	2

Steuerrecht
25 ECTS

Abgabenordnung u. Nebengesetze/Finanzgerichtsordnung	4
Einkommensteuer/Körperschaftsteuer/Gewerbesteuer	8
Bewertungsgesetz/Erbschaftsteuer/Grundsteuer	3
Umsatzsteuer/Grunderwerbsteuer	4
Umwandlungssteuerrecht	3
Internationales Steuerrecht	3

Angewandte BWL / VWL
25 ECTS

Kosten- u. Leistungsrechnung/Planungs- u. Kontrollinstrumente/Unternehmensführung/Organisation	6
Unternehmensfinanzierung/Investitionsrechnung	6
Methodische Problemstellungen der externen Rechnungslegung	4
Corporate Governance	2
Unternehmensbewertung	2
Volkswirtschaftslehre	5

Wirtschaftsrecht
25 ECTS   100

Bürgerliches Recht/Arbeitsrecht/Internationales Privatrecht	4
Handelsrecht/Internationales Kaufrecht	2
Gesellschaftsrecht/Konzernrecht	7
Corporate Governance	2
Kapitalmarktrecht	3
Umwandlungsrecht	3
Insolvenzrecht	2
Europarecht	2

Zugangsprüfung

1) Inhalt: Alle Prüfungsgebiete gemäß § 4 WiPrPrüfV /vgl. Referenzrahmen, Abschnitt 4.g)
2) Kompetenzausprägung: Entsprechend dem Referenzrahmen (Ausbildungsphase Zugangsprüfung; vgl. Referenzrahmen, Abschnitt 4.e)
3) Umfang: 2 Klausuren (je 3 Stunden), Bestehen jedes der 4 Prüfungsgebiete erforderlich, ggf. zusätzliche mündl. Prüfung

Über die fachlichen Inhalte hinaus sorgen weitere Elemente, wie die Vermittlung geeigneter Lerninhalte in englischer Sprache sowie das gezielte Training von Soft Skills, für die Verknüpfung von theoretischem Wissen und Berufspraxis. Dieses umfassende Konzept gewährleistet die Entwicklung künftiger hochqualifizierter Fach- *und* Führungskräfte für die Wirtschaftsprüfungspraxis.

Der Studiengang muss nach den Regelungen des § 8a WPO im Wege einer besonderen Akkreditierung gemäß Wirtschaftsprüferanrechnungsverordnung (§ 5 WPAnrV) anerkannt sein. Diese besondere Akkreditierung bescheinigt, dass der Masterstudiengang zur Ausbildung von Wirtschaftsprüfern besonders geeignet ist. Dadurch wird die Anerkennung von Leistungen aus dem Masterstudium für Prüfungsgebiete des WP-Examens ermöglicht.

Wirtschaftsprüfungsexamen

Der Masterstudiengang „AuditXcellence" verfolgt zudem das Ziel einer zügigen und zielgerichteten Vorbereitung auf das WP-Examen. Verschiedene alternative Wege zu diesem Ziel zeigt die folgende Grafik:

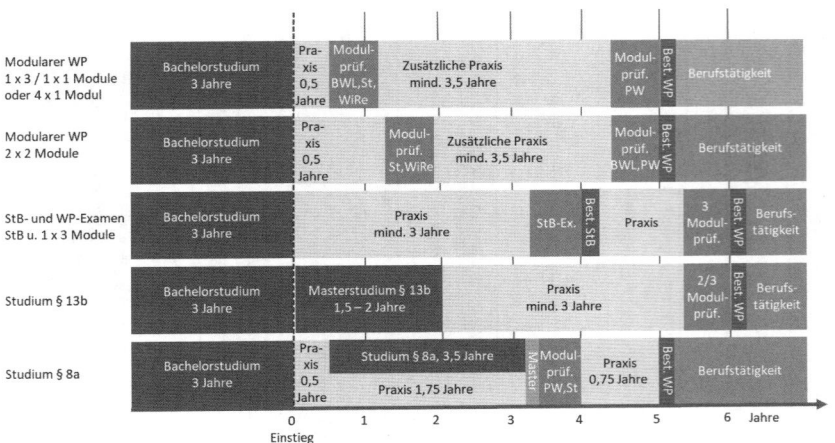

Ein zentraler Vorteil des AuditXcellence-Studiengangs ist die Anerkennung der Fächer „Angewandte BWL/VWL" und „Wirtschaftsrecht" aus dem Studium für das WP-Examen. Dadurch müssen im heute modularen WP-Examen nur noch die beiden Module „Steuerrecht" und „Prüfungswesen" mit je 2 Klausuren geschrieben werden. Im regulären Weg müssen insgesamt 4 Module mit zusammen 7 Klausuren absolviert werden. Alternativ kann auch das erfolgreich bestandene StB-Examen auf das Modul „Steuerrecht" angerechnet werden, so dass noch 5 Klausuren im WP-Examen verbleiben.

Ein weiterer Vorteil des Konzepts besteht darin, dass das WP-Examen unmittelbar im Anschluss an das Masterstudium absolviert werden kann (vgl. Studium § 8a WPO), auch wenn die Voraussetzungen der Berufspraxis noch nicht in vollem Umfang erfüllt sind; gegebenenfalls erfolgt die Bestellung zum WP (Best WP) für diesen Fall erst nach Erfüllung der 3-jährigen Berufspraxis. Dagegen muss in allen anderen Wegen des modular aufgebauten WP-Examens für die Zulassung zum Fach Prüfungswesen zunächst die praktische Berufstätigkeit von 3 oder 4 Jahren absolviert werden. Erst dann kann der Examenskandidat das Berufexamen für dieses Modul in Angriff nehmen. Die übrigen Module können dagegen im Wege einer vorgezogenen Zulassung bereits nach einer Berufstätigkeit von 6 Monaten begonnen werden. Nachteilig beim modularen Weg ist, dass der Examenskandidat erst aus der Berufstätigkeit heraus in den Lernprozess einsteigen kann und sich in aller Regel mithilfe der bekannten Repetitorien auf die Examensteile vorbereiten muss. Dagegen ist im Masterstudiengang nach § 8a WPO eine unmittelbare Verknüpfung von Lernprozess und WP-Examen gegeben. Zudem bietet im AuditXcellence-Modell der berufsbegleitende Charakter den Vorteil, dass das gelernte Wissen Zug um Zug in der Praxis angewendet werden kann. Die Mitarbeiter können demnach ihre theoretischen Kompetenzen durch praktische Erfahrungen anreichern und umgekehrt.

Integraler Bestandteil des AuditXcellence-Modells ist ein Repetitorium zur optimalen Vorbereitung auf das WP-Examen. Das Repetitorium enthält gezieltes Klausurtraining, eine ausreichende Anzahl an Übungsklausuren und eine gezielte Stoffwiederholung, die unmittelbar auf die Stoffvermittlung im Masterstudium abgestimmt ist. Im Gegensatz zu teilweise bestehenden Masterstudiengängen sind deshalb im AuditXcellence-Master keine zusätzlichen Vorbereitungskurse notwendig. Dies spart allen Beteiligten Kosten und Zeit.

Konzeptionell konnten wir mit AuditXcellence die Erfolgsquote im WP-Examen erkennbar erhöhen. Zieht man als Beleg die Examensstatistik der Wirtschaftsprüferkammer für die Jahre 2010 bis 2018[3] heran (vgl. wpk.de/examen/ergebnisse.asp), zeigt sich beim früheren Voll-WP-Examen (alle 4 Module in einem Termin) lediglich eine Erfolgsquote von im Durchschnitt 22 % (ohne Berücksichtigung von sogenannten Ergänzungsprüfungen). In der Praxis wurde daher häufig der zweistufige Weg über die Ablegung des StB-Examens gewählt. Dies hatte neben der Verteilung des Lernprozesses auf 2 Bausteine den Vorteil, dass im späteren WP-Examen nur 5 Klausuren („Angewandte BWL/VWL" (2), „Wirtschaftsrecht" (1) und „Prüfungswesen" (2)) geschrieben werden mussten. Allerdings verlängerte sich dadurch der Zeithorizont bis zur Absolvierung des WP-Examens in der Regel um 2 Jahre. Bei diesem Weg lag die Erfolgsquote im langfristigen Durchschnitt zwar bei ca. 60 % (ebenfalls ohne Berücksichtigung von sogenannten Ergänzungsprüfungen). Allerdings ist hierbei noch die Erfolgsquote des vorgeschalteten StB-Examens mindernd zu berücksichtigen, die im selben Betrachtungszeitraum nur bei rund 50 % liegt. Statistisch betrachtet haben von 10 Kandidaten nur 3 bestanden. Mit AuditXcellence konnten bessere Quoten erreicht werden. So haben laut Pressemitteilung vom 24. Januar 2011 der Mannheim Business School, an der der Masterstudiengang „Audit-Xcellence" erfolgreich pilotiert wurde, 82 % der 38 Absolventen in 2010 das WP-Examen bestanden. In den Folgejahren lagen laut Statistik der Wirtschaftsprüferkammer die Bestehensquoten aller Absolventen nach § 8a WPO für die Jahre 2010 bis 2018 im Durchschnitt bei 62,5 %.

Mit der Modularisierung des WP-Examens ab 2019 lassen sich die Ergebnisse nur noch modulbezogen betrachten. Im Schnitt der bislang absolvierten modularen Examenstermine liegen die Module „Angewandte BWL/VWL" bei 74,7 %, „Wirtschaftsrecht" bei 85,1 % und die Module „Prüfungswesen" bei 69,2 % sowie „Steuerrecht" bei 47,9 %. Die Ergebnisse des AuditXcellence-Studiengangs liegen in den letzten 3 Jahren konstant zwischen 62 und 65 %, in der Spitze unter Einbeziehung der Wiederholung eines Moduls sogar bei über 80 %.

---

3   Ab dem Jahr 2019 ist das WP-Examen modular mit der Folge, dass die Examensergebnisse seitens der Wirtschaftsprüferkammer nur noch nach Modulen veröffentlicht werden und nicht mehr erkennbar ist, ob die Module im klassischen Wege (alle 4 Module) oder über einen Studiengang nach den §§ 8a bzw. 13b WPO absolviert wurden.

C. Hochschulen und Standorte

Im Vorfeld hatten die Big Four in den Jahren 2008 bis 2010 bereits an der Universität Mannheim das Masterstudium ausführlich pilotiert. Diese Erfahrungen sind in das aktuelle AuditXcellence-Konzept eingeflossen.

Entsprechend haben wir uns bei der Auswahl der Kooperationspartner im AuditXcellence-Programm für ein regionales Konzept entschieden. Zielsetzung war und ist, die Examenskandidaten regional an vier Standorten in Deutschland vor Ort an einer renommierten Hochschule das Programm absolvieren zu lassen. Damit minimieren wir Reisezeiten und Fahrtkosten.

Die von den Big Four-Gesellschaften ausgewählten Hochschulen haben erfolgreich ein anspruchsvolles Auswahlverfahren absolviert, bei dem die wichtigsten Kriterien die Qualität der Lehre und die Ausgestaltung des Studiums waren. Ausgewählt wurden:

- Norden: Leuphana Universität Lüneburg am Standort Lüneburg
- Westen: die Kooperation von Universität Bochum und Universität Münster bzw. Accounting School Bochum Münster gemeinsam am Standort Düsseldorf
- Südwesten: Universität Mannheim bzw. Mannheim Business School am Standort Mannheim
- Mitte: die Kooperation von Hochschule Mainz und Frankfurt School of Finance & Management am Standort Frankfurt

Mit diesem flächendeckenden Angebot besteht die Möglichkeit, in nahezu jeder Region Deutschlands zu studieren und dennoch das Studium weitestgehend in der Nähe von Wohn- und Arbeitsort absolvieren zu können.

Inwieweit sich aus der virtuellen Ausbildung während der Corona-Pandemie Konsequenzen für eine auch künftig virtuelle Unterrichtung im Studiengang ergeben, kann derzeit noch nicht abschließend beurteilt werden.

D. Zeitmodell

Bei der Konzeption des Zeitmodells des AuditXcellence-Programms haben wir auf den Erfahrungen aus dem Pilotprojekt aufgebaut und eine klare Trennung von Studien- und Arbeitsphasen vorgenommen. Aufgrund der Saisonalität unseres Prüfungsgeschäftes liegen die Praxisphasen in den Monaten

November bis April. Im Mai startet das Masterstudium und erstreckt sich über 6 Monate bis Ende Oktober; der Monat August ist überwiegend für Urlaub oder Ausbildung beim Arbeitgeber vorgesehen.

Aufgrund der umfangreichen Lehrinhalte und der Verzahnung mit den Examensterminen hat es sich als sinnvoll erwiesen, das gesamte Programm über einen Zeitraum von 40 Monaten zu strecken, um eine gleichmäßige Aufteilung der zur Verfügung stehenden Zeit auf Studien- und Praxisphase zu ermöglichen. Während sich in den ersten drei Jahren des Programms im jeweils 6-monatigen Rhythmus Studien- und Praxisphase abwechseln, dienen die 4 Monate Mai bis August im vierten Jahr schwerpunktmäßig der Vorbereitung auf das WP-Examen mit wesentlichen Teilen des Repetitoriums einschließlich Klausurtraining. Das Programm endet im August des vierten Jahres mit der Ablegung des schriftlichen WP-Examens. Von den insgesamt 40 Monaten entfallen 22 Monate auf Studium und WP-Examen einschließlich Urlaub und 18 Monate auf die Praxisphasen. In den Monaten November bzw. Dezember des vierten Jahres schließt sich noch die Freistellung bzw. Vorbereitung (in der Regel 2 Wochen) auf den mündlichen Teil des WP-Examens an.

Dieses Zeitmodell gewährleistet darüber hinaus ein ausreichendes Volumen an Arbeitserfahrung, um unseren Mitarbeitern während des Programms eine weitere berufliche Karriere analog zu ihren Kollegen zu ermöglichen.

E. Voraussetzungen

Das Masterstudium „AuditXcellence" richtet sich an Bachelorabsolventen primär aus den Bereichen der Wirtschafts-, Rechts- und Wirtschaftsingenieurwissenschaften, außerdem der Ingenieurwissenschaften, der Wirtschaftsmathematik und anderer relevanter Gebiete. Relevante Studienschwerpunkte, wie „Rechnungswesen", „Wirtschaftsprüfung", „Controlling", „Steuern" oder „Finance" sind hilfreich, jedoch nicht zwingend. Bewerber sollten zudem über praktische Erfahrungen und ausreichende Sprachkenntnisse verfügen. Auslandserfahrungen sind zudem wünschenswert. Tatsächlich kommen unsere Programmteilnehmer sowohl von Universitäten als auch von Fachhochschulen und Dualen Hochschulen.

Außerdem sind ein Anstellungsverhältnis bei einer Wirtschaftsprüfungsgesellschaft mit einer 3-monatigen Prüfungstätigkeit sowie einer anderweitigen 3-monatigen fachbezogenen Berufserfahrung nötig. Diese Voraussetzungen sind in § 8a WPO gesetzlich normiert. Die Einstiegsvoraussetzungen müssen zum Beginn des Studiums im Mai nachgewiesen sein.

Jede Wirtschaftsprüfungsgesellschaft hat für sich ein unternehmensinternes Auswahlverfahren gestaltet, das davon abhängig ist, ob jemand extern als Neueinsteiger eine Zusage auf eine Nominierung für das Masterstudium anstrebt oder sich intern als Mitarbeiter auf das AuditXcellence-Studium bewirbt.

Eine weitere Hürde liegt in der gesetzlich definierten Zugangsprüfung an der jeweiligen Hochschule als Eingangsvoraussetzung. Hier sind zwei mehrstündige Klausuren mit einem bestimmten Fächerkanon erfolgreich zu absolvieren, die teilweise durch mündliche Prüfungen ergänzt werden. Die Zulassungsklausuren, die regelmäßig im Januar vor Studienbeginn stattfinden, bauen vom Niveau auf einem erfolgreich absolvierten Bachelorstudium auf. Die einzelnen erwarteten funktionsbezogenen Kompetenzausprägungen sind im Referenzrahmen definiert. Zur Vorbereitung der Kandidaten stellen die Hochschulen Musterklausuren und Literaturhinweise zur Verfügung. Darüber hinaus können weitere hochschulindividuelle Auswahlgespräche und -prozeduren zur Anwendung kommen.

F. Konditionen

Die Studiengebühren, die sich je nach Hochschule geringfügig unterscheiden können und bei ca. 32.000 € pro Studienplatz liegen, werden in der Regel von den Wirtschaftsprüfungsgesellschaften getragen. Im Gegenzug verzichtet der Mitarbeiter auf einen Teil seines Gehaltes, wobei der Faktor zugunsten des Mitarbeiters über der tatsächlichen Arbeitszeit gemäß Zeitmodell liegt. Zudem entfällt die bisherige reguläre Förderung des Berufsexamens. Reisekosten werden in Abhängigkeit von der Entfernung von Wohnort bzw. Bürostandort und Studienort weitgehend erstattet.

G. Erfahrungen und Fazit

Mit dem Masterstudiengang „AuditXcellence" haben die großen Wirtschaftsprüfungsgesellschaften zusammen mit den Partnerhochschulen einen zukunftsträchtigen und attraktiven Weg zum Beruf und zur effizienten Bewältigung des Examens als Wirtschaftsprüfer entwickelt. Daran hat auch die

Modularisierung des WP-Examens nichts Grundlegendes verändert. Konzeptionell ist der Weg sowohl für Bewerber und Mitarbeiter als auch für die Prüfungsgesellschaften eine klassische Win-Win-Situation: Der Mitarbeiter erhält eine Premium-Ausbildung in Gestalt einer hochqualifizierten wissenschaftlichen Ausbildung in Kombination mit einer hohen Erfolgsquote zum Bestehen des WP-Examens in kurzer Zeit und zu akzeptablen Bedingungen; die Wirtschaftsprüfungsgesellschaften binden ihre Mitarbeiter und erhalten hochqualifizierte Fach- und Führungskräfte mit WP-Examen zu angemessenen Konditionen.

Die Erfahrungen des Konzepts sind durchweg positiv:

• Unter Berücksichtigung des Pilotprojekts haben zwischenzeitlich mehr als 800 Personen das Programm durchlaufen oder sind derzeit im Programm,

• Den Masterabschluss haben nahezu alle Teilnehmer erfolgreich absolviert,

• Die Erfolgsquoten im WP-Examen sind gut,

• Die fachliche Qualifizierung ist exzellent,

• Die Bildung von Persönlichkeit und Führungsverhalten ist durchweg spürbar,

• Die Rahmenbedingungen einer zügigen, erfolgversprechenden Karriere sind im AuditXcellence-Studium angelegt. Die Karriereentwicklung in den Gesellschaften belegt das: Erste Absolventen sind heute bereits zum Partner aufgestiegen.

Externe Reputation hat das Programm durch den Gewinn des Weiterbildungspreises der Deutschen Gesellschaft für Personalführung e. V. (DGFP) bereits im Dezember 2013 erfahren.

Vor diesem Hintergrund werden wir das AuditXcellence Programm konsequent fortsetzen.

Ruhr-Universität Bochum und Westfälische Wilhelms-Universität Münster

Masterstudiengang „Accounting and Auditing"

Von Dr. Andreas Bonse, ASBM Accounting School
Bochum Münster gGmbH

Seit dem Studienjahr 2013 wird gemeinsam von der Fakultät für Wirtschafts-
wissenschaft der Ruhr-Universität Bochum und der Wirtschaftswissenschaftlichen Fakultät der Westfälischen Wilhelms-Universität Münster der weiter-
bildende Masterstudiengang „Accounting and Auditing" angeboten. Die
beiden beteiligten Fakultäten knüpfen mit diesem Studiengang an ihre langjährige Tradition einer qualitativ hochwertigen, wissenschaftlich fundierten
und praxisorientierten Ausbildung in den Gebieten „Rechnungslegung",
„Wirtschaftsprüfung" und „Betriebswirtschaftliche Steuerlehre" an und werden dabei durch Kooperation mit den Juristischen Fakultäten der beiden Universitäten in den Bereichen des Steuer- und Wirtschaftsrechts umfassend
unterstützt.

Der Masterstudiengang ist zudem Teil des „AuditXcellence"-Programms der
vier großen Wirtschaftsprüfungsgesellschaften Deloitte, EY, KPMG und
PricewaterhouseCoopers und wurde 2013 mit dem DGFP-Preis für erfolgreiche Weiterbildungspartnerschaften zwischen Hochschulen und Unternehmen
ausgezeichnet. Der Studiengang steht aber ebenso Mitarbeiterinnen und Mitarbeitern anderer Wirtschaftsprüfungsgesellschaften offen.

Profil des Masterstudiengangs „Accounting and Auditing" im Überblick

Studiendauer:	7 Semester in 3,5 Studienjahren
Workload:	120 ECTS
Abschluss:	Gemeinsamer Abschluss „Master of Science (M. Sc.)" der Ruhr-Universität Bochum und der Westfälischen Wilhelms-Universität Münster
Studienbeginn:	Jährlich zum 2. Mai
Studienstruktur:	Berufsbegleitend, d. h. • jeweils Mai bis Juli und September bis Oktober Präsenz- und Selbstlernphase • jeweils November bis April Praxisphase in der Wirtschaftsprüfung
Anzahl Studierende:	maximal 45 Studierende pro Studienjahr
Studiengangleiter:	**Prof. Dr. Peter Kajüter** Lehrstuhl für BWL, insb. Internationale Unternehmensrechnung, Westfälische Wilhelms-Universität Münster **Prof. Dr. Bernhard Pellens** Lehrstuhl für Internationale Unternehmensrechnung, Ruhr-Universität Bochum
Studiengebühren:	32.000 € für den 7-semestrigen Masterstudiengang inkl. Repetitorium im 4. Studienjahr
Studienorte:	Düsseldorf, Bochum, Münster
Besonderheiten:	Teilnahme am AuditXcellence-Programm

Zielsetzung des Studiengangs

Die Zielsetzung des dreieinhalbjährigen, 120 ECTS umfassenden Masterstudiengangs liegt in einer hochqualifizierten, wissenschaftlich fundierten Ausbildung künftiger Wirtschaftsprüferinnen und Wirtschaftsprüfer, welche auf einem ersten berufsqualifizierenden wirtschafts- oder rechtswissenschaftlichen Studium aufbaut. Ausgehend von den Anforderungen der Berufspraxis der Wirtschaftsprüferinnen und Wirtschaftsprüfer sowie unter Berücksichtigung der Anforderungen des Berufsstands werden auf der Basis von Methoden- und Systemkompetenz vertiefte Fachkenntnisse und Fähigkeiten in den Gebieten des wirtschaftlichen Prüfungswesens, der Rechnungslegung, der Unternehmensbewertung, des Steuerrechts, des Wirtschaftsrechts sowie der angewandten Betriebswirtschaftslehre und Volkswirtschaftslehre vermittelt. Dabei sollen die Studierenden in diesen Gebieten zur kritischen Einordnung praxisrelevanter Fragestellungen vor dem Hintergrund aktueller Forschungsergebnisse, zu wissenschaftlich fundierter Problemlösung und zu verantwortlichem Handeln befähigt werden.

Durch die gezielte Ausbildung für den Beruf der Wirtschaftsprüferin und des Wirtschaftsprüfers in einem spezifisch zugeschnittenen Masterprogramm sowie die Anerkennung von Studien- und Prüfungsleistungen im folgenden Wirtschaftsprüfungsexamen soll der Berufszugang gefördert und erleichtert werden. Der Studiengang wird ergänzt durch ein intensives Repetitorium, um für die Absolventinnen und Absolventen die Bestehenschancen im anschließenden Wirtschaftsprüfungsexamen zu erhöhen. Außerdem nimmt die Förderung von Schlüsselkompetenzen in dem Masterstudiengang einen hohen Stellenwert ein. Trainiert werden insbesondere intellektuelle und persönliche Fähigkeiten, Kommunikations-, Präsentations- sowie Managementfähigkeiten.

Zugangsvoraussetzungen

Zugangsvoraussetzung für den Masterstudiengang „Accounting and Auditing" ist die Absolvierung eines fachlich einschlägigen wirtschafts- oder rechtswissenschaftlichen Studiums mit einer Regelstudienzeit von mindestens sechs Semestern (180 ECTS), welches mit einem Bachelor oder einem anderen berufsqualifizierenden Abschluss (Diplom, Staatsexamen etc.) erfolgreich beendet worden ist. Zudem bestehen folgende Zugangsvoraussetzungen zum Masterstudiengang:

1. Nachweis einer halbjährigen Praxiszeit gemäß § 3 Nr. 1 WPAnrV.

2. Erfolgreicher Abschluss einer schriftlichen Zugangsprüfung gemäß § 3 Nr. 2 WPAnrV in den Prüfungsgebieten „Angewandte BWL/VWL", „Wirtschaftsrecht", „Steuerrecht" und „Wirtschaftliches Prüfungswesen, Unternehmensbewertung und Berufsrecht", wobei alle vier Prüfungsteile separat bestanden sein müssen.

3. Erfolgreicher Abschluss einer mündlichen Zugangsprüfung, die sich inhaltlich auf die Themengebiete „Angewandte BWL" und „Wirtschaftliches Prüfungswesen, Unternehmensbewertung und Berufsrecht" konzentriert.

4. Nachweis besonderer Englischkenntnisse.

Die Zugangsprüfungen finden jeweils vor Beginn des Masterstudiengangs im Zeitraum Januar bis April eines jeden Jahres statt (Bewerbungsschluss 30.11. des Vorjahres). Konkret werden die schriftlichen Zugangsprüfungen in den ersten sechs Werktagen im Januar durchgeführt, die mündlichen Zugangsprüfungen schließen sich im Februar/März an.

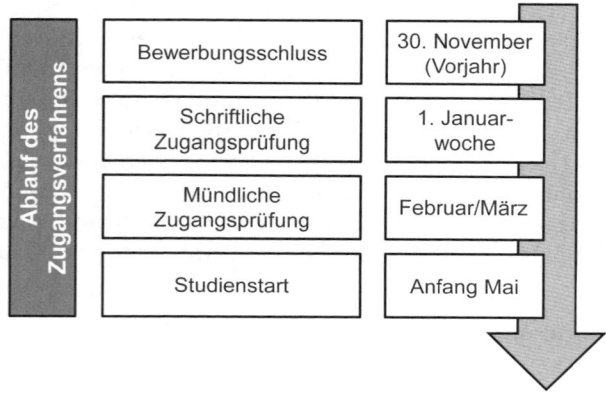

Aufbau und Ablauf des Masterstudiengangs „Accounting and Auditing"

Inhaltlich konzentriert sich der Masterstudiengang „Accounting and Auditing" auf folgende Prüfungsgebiete:

- „Angewandte BWL/VWL",
- „Wirtschaftsrecht",
- „Steuerrecht" und
- „Wirtschaftliches Prüfungswesen, Unternehmensbewertung und Berufsrecht".

Innerhalb der zugehörigen Lehrveranstaltungen werden dabei optimal abgestimmt praktische und theoretische Fachinhalte vermittelt und Schlüsselkompetenzen umfassend gefördert. Zudem sind verpflichtend eine Seminararbeit und eine Masterarbeit zu verfassen, wobei die Themengebiete dieser wissenschaftlichen Arbeiten aus dem Prüfungsgebiet „Wirtschaftliches Prüfungswesen, Unternehmensbewertung und Berufsrecht" stammen.

Der Studienverlauf folgt der Idee, die Inhalte der verschiedenen Prüfungsgebiete aufbauend auf den aus dem ersten berufsqualifizierenden Studium erworbenen Kompetenzen sukzessive zu vertiefen. Prüfungsgebiete, die für das Wirtschaftsprüfungsexamen relevant sind, werden dabei tendenziell in späteren Semestern vermittelt. Daraus ergibt sich folgender Studienverlauf:

1. Jahr = 1./2. Semester (Mai bis Juli/September bis Oktober):
– Schwerpunkt „Angewandte BWL" und „Wirtschaftsrecht"
– Erste Lehrveranstaltungen „Wirtschaftliches Prüfungswesen"

2. Jahr = 3./4. Semester (Mai bis Juli/September bis Oktober):
– Schwerpunkt „VWL" und „Wirtschaftsrecht"
– Vertiefung „Wirtschaftliches Prüfungswesen"
– Erste Lehrveranstaltungen „Steuerrecht"
– Seminararbeit im Bereich „Wirtschaftliches Prüfungswesen"
– Mündliche Prüfung „Angewandte BWL/ VWL"

3. Jahr = 5./6. Semester (Mai bis Juli/September bis Oktober):
– Vertiefung „Steuerrecht" und „Wirtschaftliches Prüfungswesen"
– Masterarbeit im Bereich „Wirtschaftliches Prüfungswesen"
– Mündliche Prüfung „Wirtschaftsrecht"

4. Jahr = 7. Semester (Mai bis Juni):
– Vertiefung „Wirtschaftliches Prüfungswesen"

Praxiszeit

1. Semester	2. Semester	3. Semester	4. Semester	5. Semester	6. Semester	7. Semester	Repetitorium WP-Examen
Kick-Off			Seminararbeit				
	Vorlesungen Selbststudium Klausuren	Vorlesungen Selbststudium Klausuren	Vorlesungen Selbststudium Klausuren	Mündliche Prüfung A. BWL/VWL · Vorlesungen Selbststudium Klausuren	Mündliche Prüfung Wirtschaftsrecht · Vorlesungen Selbststudium Klausuren	Vorlesungen Selbststudium Klausuren · Vorlesungen Selbststudium Klausuren	Masterabschluss

Masterarbeit

| 2023 | 2024 | 2025 | 2026 |

Innerhalb der Semester wechseln sich – an die Bedürfnisse der Studierenden angepasst – Präsenz- und Selbstlernzeiten ab. Die Klausuren werden zudem sukzessive innerhalb des Semesters geschrieben, wodurch eine Klausurwoche zum Ende des Semesters vermieden wird.

Neben den curricular verankerten Inhalten ergeben sich durch die Kooperation zwischen der Ruhr-Universität Bochum und der Westfälischen Wilhelms-Universität Münster im Rahmen des Masterstudiengangs „Accounting and Auditing" für die Studierenden vielfältige zusätzliche interessante Möglichkeiten. Zahlreiche Fachvorträge zu aktuellen Fragestellungen renommierter Wissenschaftler und Praktiker in den beiden wirtschaftswissenschaftlichen Fakultäten stehen den Studierenden des Masterstudiengangs offen und ermöglichen diesen, über die Studieninhalte hinausgehende Fachkompetenzen zu erlangen und zusätzliche Kontakte zu knüpfen.

Vorbereitung auf das Wirtschaftsprüfungsexamen

Das sich an den Masterstudiengang anschließende Repetitorium wird in Zusammenarbeit mit einem privaten Lehrgangsanbieter durchgeführt, der über langjährige qualifizierte Erfahrungen in der WP-Examensvorbereitung verfügt. Die Inhalte sind durch die wissenschaftlichen Studiengangleiter eng mit den Inhalten des Masterstudiengangs abgestimmt, um optimal auf das Berufsexamen vorzubereiten. Dabei gehören beispielsweise die Vermittlung von Klausurtechnik oder das Schreiben von „Fernklausuren" ebenso zur Examensvorbereitung, wie einzelne Präsenztage und Probeklausuren zeitlich kurz vor dem Wirtschaftsprüfungsexamen. Darüber hinaus werden Protokolle vergangener mündlicher Prüfungen zur Verfügung gestellt.

Dozentinnen und Dozenten

Wesentliche Lehrveranstaltungen werden von den Studiengangleitern Prof. Dr. Peter Kajüter (Lehrstuhl für BWL, insb. Internationale Unternehmensrechnung, Westfälische Wilhelms-Universität Münster) und Prof. Dr. Bernhard Pellens (Lehrstuhl für Internationale Unternehmensrechnung, Ruhr-Universität Bochum) durchgeführt. Darüber hinaus übernehmen weitere renommierte Professorinnen/Professoren der wirtschaftswissenschaftlichen und juristischen Fakultäten der Universitäten Bochum und Münster einzelne Lehrveranstaltungen. Zudem beteiligen sich hochqualifizierte Dozentinnen/Dozenten aus der Berufspraxis aktiv an der Ausbildung in dem Studiengang.

Didaktisches Konzept und Qualitätssicherung

Innerhalb des Masterstudiengangs kommen in den Lehrveranstaltungen unterschiedliche innovative Lehrformen zum Einsatz. Neben Vorlesungen, welche aufgrund der geringen Jahrgangsgrößen sehr interaktiv ausgestaltet sind, werden Übungen, Gruppenarbeiten und -diskussionen, Praxisvorträge, Fallstudien, Fallbesprechungen, Präsentationen, Exkursionen sowie eLearning-Einheiten (z. B. WBT-Programme) kombiniert. Durch den Einsatz dieser verschiedenen Lehr- und Lernformen ist eine abwechslungsreiche Lehre sichergestellt, die den verschiedenen Lerntypen gerecht wird und die Motivation zum Lernen fördert. Die Lehre erfolgt unter Einsatz moderner Präsentationstechniken und wird über eine internetbasierte Lehrplattform unterstützt. Letztere ermöglicht auch zeit- und ortsunabhängige Diskussionsforen zwischen Lehrenden und Studierenden oder individuelle Beratungen der Studierenden. Zudem werden wesentliche Lernmaterialien über die Internetplattform zur Verfügung gestellt.

Neben dem Lernen in Präsenzveranstaltungen erfordert die angestrebte fachliche, methodische und fachübergreifende Kompetenzvermittlung auch ein umfangreiches Selbststudium der Studierenden. Hierfür werden gezielt Literaturangaben bereitgestellt. Zudem sind von den Studierenden zwischen den einzelnen Präsenztagen meist Hausaufgaben oder kleinere Fallstudien zu bearbeiten, welche den in den Lehrveranstaltungen behandelten Stoff einüben und vertiefen. Aus diesem Grund werden die Präsenztage einer einzelnen Lehrveranstaltung regelmäßig nicht an aufeinander folgenden Tagen abgehalten. Vielmehr liegen zwischen den einzelnen Präsenztagen Zeiten zum Selbststudium, um den vermittelten Stoff individuell und insbesondere in Lerngruppen nachzubereiten. Dabei wird die Teamarbeit innerhalb des Masterstudiengangs bereits während der Präsenzveranstaltungen durch den Einsatz von Gruppenübungen gefördert.

Infolge der Anerkennung des Masterstudiengangs nach § 8a WPO und der damit erforderlichen Entsprechung von anerkannten Prüfungen mit den Prüfungen des Wirtschaftsprüfungsexamens in Inhalt, Form und Umfang werden die vermittelten Lehrinhalte überwiegend mittels Klausuren abgeprüft. Zudem ist zusätzlich für die Prüfungsgebiete „Angewandte BWL/VWL" und „Wirtschaftsrecht" jeweils eine mündliche Prüfung verpflichtend. Daneben zählen in dem Masterstudiengang „Accounting and Auditing" auch Präsentationen oder das Verfassen von wissenschaftlichen Arbeiten (Seminar- und Masterarbeit) zu den Prüfungsformen.

Ein besonderer Fokus liegt zudem auf der Qualitätssicherung und der dynamischen Weiterentwicklung des Studiengangs. Über den kontinuierlichen Austausch zwischen Studierenden, Studiengangleitung, Lehrenden und Studiengangorganisation ist eine umfassende Feedback-Kultur etabliert, die weit über die Lehrevaluation hinausgeht. Zudem ist für den Studiengang eine Qualitätssicherungskommission eingerichtet, welche mit Fachvertreterinnen/ Fachvertretern aus Wissenschaft und Praxis besetzt ist. Diese Kommissionsmitglieder beraten die Studiengangleitung in allen Fragen zur Weiterentwicklung des Masterstudiengangs und sichern zudem die Qualität der Klausuren, um deren Äquivalenz nach *Inhalt, Form und Umfang* mit dem Wirtschaftsprüfungsexamen sicherzustellen.

Studienorte

Die Präsenzveranstaltungen des Masterstudiengangs finden überwiegend in den Räumlichkeiten des Instituts der Wirtschaftsprüfer (IDW) und der Industrie- und Handelskammer (IHK) in Düsseldorf statt. Darüber hinaus werden einzelne Lehrveranstaltungen an den Universitätsstandorten in Bochum und Münster durchgeführt.

Studiengangorganisation

Der Studiengang bietet ideale Rahmenbedingungen für ein effizientes Lernen. Die fachliche Betreuung der Studierenden obliegt den Studiengangleitern sowie Dozentinnen/Dozenten. Die Organisation wird von Mitarbeiterinnen/ Mitarbeitern der ASBM Accounting School Bochum Münster gGmbH übernommen. Sie sorgen für einen reibungslosen Ablauf des Masterstudiengangs mit anschließendem Repetitorium und stehen den Studierenden in allen Fragen der Studien- und Prüfungsorganisation als kompetente Ansprechpartner gerne zu Verfügung.

Kontaktdaten

ASBM Accounting School Bochum Münster gGmbH

Dr. Andreas Bonse   Dr. Antje Heinrich
E-Mail: E-Mail:
andreas.bonse@rub.de   asbm@rub.de
Tel:. +49 234 32-25318   Tel.: +49 234 32-25319

Detaillierte Informationen zum Masterstudiengang „Accounting and Auditing" finden sich auch im Internet unter www.accounting-school.de. Zudem findet jährlich Ende September/Anfang Oktober eine Informationsveranstaltung in den Räumlichkeiten des Instituts der Wirtschaftsprüfer (IDW) in Düsseldorf statt. Die aktuellen Termine werden frühzeitig auf den Internetseiten der ASBM bekannt gegeben.

Frankfurt School of Finance & Management und Hochschule Mainz

Master of Science in „Auditing" (§ 8a WPO)

Von Prof. Dr. Karsten Lorenz und StB Prof. Dr. Edgar Löw

Prof. Dr. Karsten Lorenz
Akademischer Leiter
www.hs-mainz.de

StB Prof. Dr. Edgar Löw
Programmdirektor
www.frankfurt-school.de

Ziel des Studiengangs

Der Master of Science in „Auditing" bereitet die Studierenden aus Wirtschaftsprüfungsgesellschaften wissenschaftlich fundiert auf eine Tätigkeit als Wirtschaftsprüfer vor. Neben forschungsbasierter inhaltlich und fachlich herausragender Lehre stehen berufsintegrierte Studiengänge wie dieser vor drei Herausforderungen:

- akademische Herausforderung: Integration anwendungsbezogener, berufspraktischer Detailkenntnisse mit akademischen Kompetenzen und Fachwissen,
- berufsständische Herausforderung: Vorbereitung und teilweise Substitution berufsständischer Examina,

- logistische Herausforderung: studierbare, in zeitlicher und didaktischer Hinsicht passgenau zugeschnittene Studienmodelle, die durch eine höchst professionelle Organisation unterstützt werden.

Die beiden Hochschulen haben in dieser Multidimensionalität umfassende Kompetenz aufgebaut. Die Frankfurt School bringt die Reputation einer führenden forschungsorientierten Business School im Universitätsrang ein. Ausgerichtet an den Standards internationaler Business Schools bietet die Frankfurt School eine ausgezeichnete Infrastruktur und Logistik sowie höchst professionelle Organisationsabläufe. Die HS Mainz verfügt über die berufsständische Expertise einer renommierten Hochschule. Sie ergänzt die Fakultät um umfangreiche personelle Ressourcen mit fundierter Berufspraxis in der Wirtschaftsprüfung und Steuerberatung. Getragen von den weitreichenden Netzwerken in die Praxis und der professionellen Abwicklung bietet das Konsortium einen Studiengang, der die Studentinnen und Studenten zum Master of Science qualifiziert und den Herausforderungen des Wirtschaftsprüferberufs gerecht wird.

Master in „Auditing"

Der durch die FIBAA in 2017 nach § 8a WPO reakkreditierte Masterstudiengang „Auditing" wurde für einschlägig Berufserfahrene mit erstem Hochschulabschluss entwickelt, die ihre Karrierechancen in der Wirtschaftsprüfung und verwandten Bereichen verbessern wollen. Das berufsbegleitende Studium kann innerhalb von sieben Semestern abgeschlossen werden.

Das Studium bereitet umfassend auf die Übernahme einer Führungsposition und gezielt auf das Wirtschaftsprüfungsexamen vor. Die Absolventen, die das WP-Examen anstreben, haben nur noch vier anstelle von sieben schriftlichen Prüfungen abzulegen, da ihre während des Studiums in den Gebieten „Betriebswirtschaftslehre, Volkswirtschaftslehre" und „Wirtschaftsrecht" erbrachten Leistungen auf das Examen angerechnet werden. Das Studium schließt mit dem international anerkannten Grad Master of Science in „Auditing" ab. Die Absolventen erfüllen damit unter anderem die formalen Voraussetzungen für die Zulassung zum höheren Dienst und zu einem Promotionsstudium.

Der Studiengang ist auf Basis aktueller wissenschaftlicher Erkenntnisse und Methoden anwendungsorientiert auf die Lösung praxisbezogener, interdisziplinärer Problemstellungen ausgerichtet. Die Studierenden haben aus dem Berufsrecht abgeleitete Anforderungen bezüglich einer gewissenhaften und eigenverantwortlichen Berufsausübung zu erfüllen. Hierfür entwickeln sie die erforderlichen Kommunikations-, Analyse-, Urteils- und Entscheidungsfähigkeiten, außerdem die Fähigkeiten zur Planung, Steuerung, Umsetzung, Organisation und Delegation. Den Studierenden wird vermittelt, wie sie in Prozesse korrigierend eingreifen, neue Vorgehensweisen entwickeln und dies angemessen kommunizieren können. Für angehende WirtschaftsprüferInnen ist eine kritische Grundhaltung unverzichtbar und ebenso zu schulen.

Die Studieninhalte ergeben sich aus dem fachspezifisch konkretisierten Referenzrahmen, wobei die examensrelevanten Teile des Studiums schwerpunktmäßig in zeitlicher Nähe zur Wirtschaftsprüferprüfung absolviert werden.

Hierbei wird eine sich aus den fachdidaktischen Notwendigkeiten ergebende Abfolge eingehalten. Im ersten Semester werden die im Erststudium erworbenen und in der Zugangsprüfung nachgewiesenen Kenntnisse vertieft und die Grundlagen für die kommenden Semester geschaffen. Das zweite Semester dient insbesondere der Auffrischung der mathematischen Grundlagen zur Bearbeitung verschiedener quantitativer Fallstudien. In den folgenden Semestern vertiefen die Studierenden ihre Englischkenntnisse durch englischsprachige Vorlesungsanteile und Fallstudien. Im Seminar „Prüfungswesen" entwickeln sie ihre Kompetenzen zum wissenschaftlichen Arbeiten und zur Präsentation ihrer Arbeitsergebnisse weiter. Bei der Masterthesis wenden die Studierenden die im Rahmen ihres Studiums erworbenen Fähigkeiten und Kenntnisse umfassend auf eine Problemstellung aus dem Gebiet der Wirtschaftsprüfung an. Zudem erfolgt im Rahmen eines in das Studium integrierten Examinatoriums sowie eines im Anschluss an das Studium stattfindenden Repetitoriums eine gezielte Vorbereitung auf das WP-Examen, zu dem die Absolventen unmittelbar nach Abschluss des Studiums antreten sollen. Die Teilnahme an einem Klausurenkurs ist in das Programm integriert.

Das Studium ist dank moderner Lehrformen und einer besonderen zeitlichen Gestaltung, insbesondere durch das mit der Arbeitgeberseite abgestimmte Blockmodell, mit einer Teilzeittätigkeit in der Wirtschaftsprüfung vereinbar. Über das Gesamtjahr ist eine Freistellung von der beruflichen Tätigkeit von mindestens 40 Prozent zu empfehlen. Die Veranstaltungen und Prüfungen finden regelmäßig außerhalb der Prüfungssaison statt. Sie werden in den Räumlichkeiten der Frankfurt School im Zentrum von Frankfurt durchgeführt; der Neubau wurde im Oktober 2017 bezogen. Die Verzahnung mit dem Beruf bietet den Studierenden die Möglichkeit, Gelerntes unmittelbar nutzbringend in der Praxis anzuwenden.

Ermöglicht wurde die anspruchsvolle (Re-)Akkreditierung des Studienganges „Auditing" nach § 8a WPO durch die gute Zusammenarbeit eines eingespielten Teams von Hochschullehrern. Im „Master in Auditing" werden neben ausgewählten, langjährig praxis- und lehrerfahrenen Professorinnen und Professoren der HS Mainz und der Frankfurt School auch namhafte Praxisvertreter und Repetitoren eingebunden. Ihr beruflicher Hintergrund gewährleistet einen hohen Anwendungsbezug ebenso wie wissenschaftliche Fundierung. Alle Lehrenden bringen umfassende Erfahrungen aus der beruflichen Weiterbildung oder als Repetitor ein – eine entscheidende Voraussetzung für die hohen Bestehensquoten im Wirtschaftsprüfungsexamen.

Bewerbung

Die Zulassung zum Master of Science in „Auditing" an der Frankfurt School und HS Mainz setzt eine einschlägige Berufserfahrung von mindestens sechs Monaten nach Abschluss des Erststudiums voraus.

Das Programm startet jeweils zum Sommersemester, Vorlesungsbeginn ist im Mai. Einzelheiten, unter anderem zum Studienaufbau und Vorlesungsplan, den Zulassungsvoraussetzungen und dem Bewerbungsverfahren sowie den Studiengebühren sind der Seite www.master-auditing.de zu entnehmen.

Europäische Fernhochschule Hamburg (Euro-FH)

Bisher einziger nach § 8a WPO anerkannter Fernstudiengang bundesweit

Exzellente Ausbildung für angehende Wirtschaftsprüfer/innen an der Europäischen Fernhochschule Hamburg (Euro-FH)

Von Prof. Dr. Thomas Tegen und WP/StB Prof. Dr. Martin Zieger, Studiengangsdekane des Studiengangs „Taxation, Accounting, Finance" (M. Acc.)

1. Studieren an Deutschlands bekanntester privater Fernhochschule

Die Europäische Fernhochschule Hamburg (Euro-FH) ist eine private, staatlich anerkannte und vom Wissenschaftsrat akkreditierte Hochschule, deren Trägerin die Europäische Fernhochschule Hamburg GmbH, ein Unternehmen der Klett-Gruppe, ist.

Die Euro-FH ist durch ein Höchstmaß an organisatorischer Flexibilität konsequent auf die Anforderungen berufstätiger Studierender eingestellt. Diese Flexibilität zeigt sich u.a. an folgenden Merkmalen:

- Studienstart jederzeit möglich.
- Freie Einteilung der Studienzeit – so wie es die Berufstätigkeit ermöglicht.
- Lernen unabhängig von Ort und Zeit – das Studium einfach mitnehmen.
- Individuelle Planung von Prüfungen und Terminen – die Euro-FH bietet regelmäßige Termine an verschiedenen Standorten an.
- Das Studium kann kostenlos unterbrochen oder verlängert werden, wenn z. B. vorübergehend berufliche Projekte anstehen.

Mit über 9.000 Studierenden gehört die Euro-FH heute schon zu den größten privaten Fernhochschulen. Eine repräsentative forsa-Studie zur Bekanntheit von Fernstudienanbietern bei 300 Personalentscheidern in Unternehmen mit mehr als 150 Mitarbeitern hat ergeben, dass die Euro-FH Deutschlands bekannteste private Fernhochschule ist.

2. Der Masterstudiengang „Taxation, Accounting, Finance" – Besonderheiten auf einen Blick

2.1 Bisher einziger nach § 8a WPO anerkannter Fernstudiengang bundesweit

Der Masterstudiengang „Taxation, Accounting, Finance" (M. Acc.) ist durch die FIBAA-Akkreditierungskommission als für die Ausbildung von Wirtschaftsprüferinnen und Wirtschaftsprüfern besonders geeignet anerkannt worden (Anerkennung nach § 8a WPO). Das bedeutet, die Klausuren in den Fächern „Wirtschaftsrecht" und „Angewandte BWL/VWL" werden auf das Wirtschaftsprüfungsexamen angerechnet, sodass mit erfolgreichem Masterabschluss im Wirtschaftsprüfungsexamen nur noch vier von sieben Klausuren, nämlich die Klausuren in „Steuerrecht" und „Prüfungswesen", zu schreiben sind.

Die Euro-FH ist bisher bundesweit die einzige Hochschule, die einen Studiengang nach § 8a WPO im berufsbegleitenden Fernstudium anbietet. Die Studierenden können jederzeit mit dem Studium beginnen und ihr Studium zeitlich so einteilen, wie es ihre Berufstätigkeit ermöglicht. Gerade für Prüfungsassistenten in kleinen und mittleren Kanzleien bietet dieser Fernstudiengang einen deutlichen Vorteil: Die Studierenden führen ihre Berufstätigkeit uneingeschränkt fort und studieren dennoch flexibel an der Euro-FH.

2.2 International renommierter Master of Accountancy

Der Masterstudiengang „Taxation, Accounting, Finance" ist ferner bundesweit das erste Masterprogramm, das zu dem renommierten Master of Accountancy (M. Acc.) führt. Der Master of Accountancy ist ein international anerkannter Nachweis hochqualifizierten Fachwissens im Rechnungswesen und zertifiziert gefragte Kompetenzen in den Bereichen „Wirtschaftsprüfung" und „Steuerberatung".

2.3 Praxisrelevante und topaktuelle Studieninhalte

Die Euro-FH hat das Masterprogramm in enger Zusammenarbeit mit AKS (Abels Kallwass Stitz – Deutsche Akademie für Steuern, Recht und Wirtschaft) entwickelt. Die Studienmaterialien von AKS werden im Studiengang optimal mit den Euro-FH-Studieninhalten verknüpft und in Form einer Loseblattsammlung fortlaufend aktualisiert.

3. Der Studiengang

3.1 Konzeption mit Ausrichtung auf das Wirtschaftsprüfungsexamen

Der Studiengang vermittelt den Studierenden die Kenntnisse und Fähigkeiten, die dem Berufsbild des Wirtschaftsprüfers vor dem Hintergrund der steuerrechtlichen Systematik entsprechen. Dabei wird insbesondere auf die Vermittlung der funktionsbezogenen Kompetenzen des Studiengangs und einer praxisnahen Ausbildung Wert gelegt. Ziel ist die Teilnahme der Studierenden am Wirtschaftsprüfungsexamen und die Anrechnung der Fächer „Angewandte BWL, VWL" und „Wirtschaftsrecht". Hierzu erlangen die Studierenden das Fachwissen, das für eine spätere Tätigkeit als Wirtschaftsprüfer erforderlich ist.

Der Studienverlauf ist so konzipiert, dass bereits nach dem 5. Quartal bzw. Tertial die Module zum Steuerrecht abgeschlossen sind, so dass noch vor Beendigung des kompletten Studiums das Fach Steuern im modularisierten WP-Examen geschrieben werden kann.

Die folgende Abbildung zeigt die Gliederung und die Inhalte des Studiengangs:

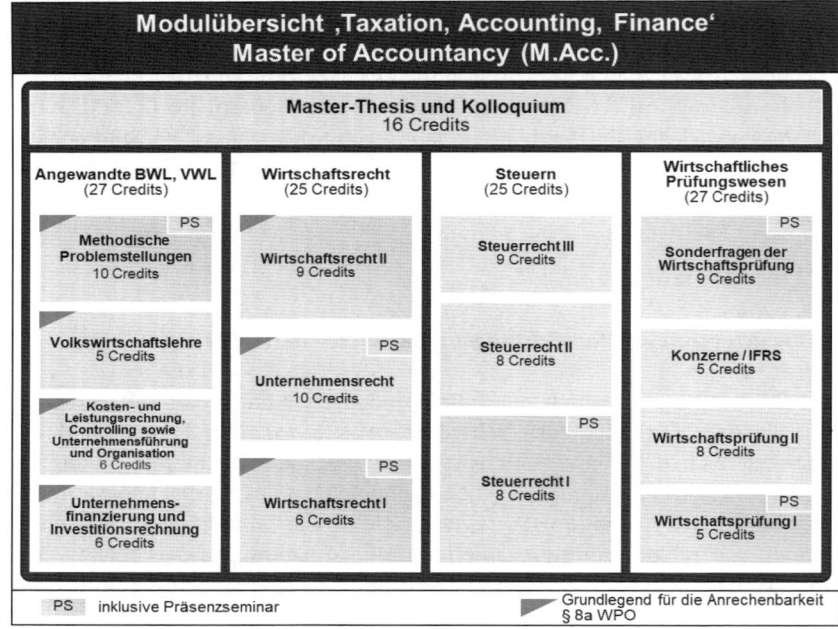

3.2 Zulassungsvoraussetzungen

Studienbewerber müssen – wie bei allen vergleichbaren Studiengängen – die nachstehenden Voraussetzungen für die Zulassung zum Masterstudiengang „Taxation, Accounting, Finance" erfüllen:

- Ein abgeschlossenes, grundständiges Studium einer staatlichen oder staatlich anerkannten Hochschule der Fachrichtung BWL, VWL oder Rechtswissenschaften (Jura oder Wirtschaftsrecht) mit mindestens 180 Credit Points,

- einen Nachweis über die Ableistung von drei Monaten Tätigkeit gemäß § 9 Abs. 1 Wirtschaftsprüferordnung und drei Monaten Prüfungstätigkeit gemäß § 9 Abs. 2 der Wirtschaftsprüferordnung (Praxiszeit) nach Erwerb des ersten berufsqualifizierenden Abschlusses, aber vor Beginn des Masterstudiengangs,

- das Bestehen einer Zugangsprüfung,

- ausreichende Englischkenntnisse auf dem Niveau B2 gemäß dem Europäischen Referenzrahmen für Sprachen.

Die Zugangsklausuren werden vierteljährlich in Hamburg angeboten. Die Termine sind der Homepage (www.Euro-FH.de) zu entnehmen.

Zur Vorbereitung auf die Zugangsprüfung bietet die Euro-FH ein freiwilliges eintägiges Vorbereitungsseminar an.

4. Weitere Informationen

Informationen zur Euro-FH und zu dem Studiengang „Taxation, Accounting, Finance" (M. Acc.) sind erhältlich unter: www.Euro-FH.de

Kontakt

Euro-FH – Europäische Fernhochschule Hamburg, Doberaner Weg 20, 22143 Hamburg

Studienberatung: +49 800 3344377 (gebührenfrei), montags bis freitags von 8–20 Uhr, oder studienberatung@euro-fh.de

LEUPHANA
UNIVERSITÄT LÜNEBURG

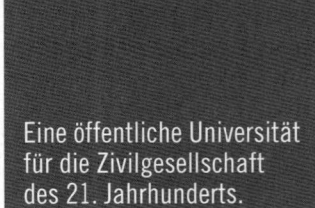

Eine öffentliche Universität für die Zivilgesellschaft des 21. Jahrhunderts.

Die Leuphana Universität Lüneburg bietet seit 2012 als einzige Hochschule im norddeutschen Raum in Kooperation mit den vier weltweit führenden Wirtschaftsprüfungsgesellschaften und der WPK den berufsbegleitenden Studiengang Master in Auditing an. Das wissenschaftliche und anwendungsorientierte Masterstudium ist als Blockmodell konzipiert – Studien- und Praxisphasen wechseln sich über einen Zeitraum von 3 Jahren ab – und orientiert sich am Referenzrahmen der Wirtschaftsprüferordnung.

Die im erfolgreich akkreditierten Studiengang abgelegten Prüfungsleistungen der Lehrgebiete Wirtschaftsrecht und BWL/VWL werden auf Antrag gemäß § 8a WPO im Rahmen des Wirtschaftsprüfungsexamens anerkannt.

Exzellente Vorbereitung auf das Wirtschaftsprüfungsexamen in den Bereichen Prüfungswesen und Steuerrecht.

Eine detaillierte Studiengangsbeschreibung finden Sie auch unter www.leuphana.de/master-auditing

Für weitere Informationen steht Ihnen Heike Hagemann, Koordinatorin des Masters in Auditing, gerne unter 04131.677-1954 zur Verfügung.

Folgen Sie uns auf:

Die Leuphana Universität Lüneburg – Stiftung des öffentlichen Rechts – und das Land Niedersachsen haben das von der Europäischen Kommission genehmigte EU-Großprojekt Innovations-Inkubator gemeinsam entwickelt. Das Audit Xcellence wird der Teilmaßnahme 3.2. „Implementierung des Leuphana Weiterbildungsmodells in der Professional School" zugeordnet. Die Weiterbildung wird als Modellvorhaben im Rahmen des EU-Großprojekts gefördert von:

Studiengang „Master in Auditing" an der Leuphana Universität Lüneburg

Von StB Prof. Dr. Dörte Mody, Studiengangsleiterinnen des Masters in Auditing, Institut Auditing Tax, Leuphana Universität Lüneburg

1. Überblick über die Leuphana Universität Lüneburg

Die Leuphana Universität Lüneburg folgt einem deutschlandweit einmaligen und mehrfach ausgezeichneten Studienmodell. Anspruchsvoll, offen, lebendig und zukunftsfähig ist das Credo des Studiums an der Leuphana, das in „ vier Gefäßen" realisiert wird: Forschung, College, Graduate School und Professional School.

Das Leuphana College bietet ein innovatives Bachelor-Studium, das Studierenden ein Denken „über den Tellerrand" einzelner Disziplinen hinaus erlaubt. In der Graduate School finden Studierende verschiedene konsekutive Masterprogramme mit interdisziplinären Spezialisierungsmöglichkeiten.

Die Professional School dient der beruflichen Weiterbildung und dem Wissenstransfer. Das Weiterbildungsangebot der Professional School setzt dabei auf Praxisorientierung und Flexibilität. Fach- und Führungskräfte aus unterschiedlichen Bereichen können sich individuell und parallel zu ihrem Berufsalltag akademisch weiterbilden.

Die Leuphana Universität Lüneburg wurde im Rahmen der Initiative Audit-Xcellence als bisher einzige kooperierende Hochschule Norddeutschlands mit dem überzeugenden Konzept von Prof. Dr. Dörte Mody und Prof. Dr. Christel Stix ausgewählt. Als innovative Hochschule verfügt die Leuphana Universität Lüneburg über attraktive und moderne Studienbedingungen und weist mit der Professional School optimale Rahmenbedingungen sowie eine Expertise für zielgruppenspezifische berufliche Weiterbildung vor. Damit bietet die Hochschule Young Professionals aus dem Berufsfeld der Wirtschaftsprüfung ab 2012 erstmals die Möglichkeit, innerhalb von 3 Jahren berufsbegleitend ein in besonderem Maße anspruchsvolles Masterstudium „Auditing" zu absolvieren.

Der in Vollzeitform angebotene Masterstudiengang mit integrierten Praxisphasen bietet eine wirtschaftswissenschaftliche Weiterbildung im Bereich steuerberatender und wirtschaftsprüfender Kompetenzen sowie eine zielgerichtete Vorbereitung auf das Wirtschaftsprüfungsexamen. Der Master in Auditing wird als berufsbegleitender Studiengang in Kooperation mit den „Big Four" angeboten. Darüber hinaus ist der Zugang allen Mitarbeitern und Mitarbeiterinnen von den Wirtschaftsprüferkammer organisierten Unternehmen möglich.

2. Charakteristika

Das Curriculum basiert auf einem Blockmodell, welches die Präsenzlehre in der Zeit von Mai bis Oktober eines jeden Jahres zusammenfasst und ermöglicht damit zeitgleich die Berufsausübung in der „Busy Season" mit praktischer Anwendung der erworbenen Kenntnisse und deren Vertiefung. Moderne Formen des E-Learning kommen dabei zum Einsatz. Bestandteil des Weiterbildungsangebots ist zudem ein mit dem Studienprogramm verzahntes Repetitorium, welches die gezielte Vorbereitung auf das Wirtschaftsprüfungsexamen abrundet.

Bei der Auswahl der Dozierenden wurde auf ein ausgewiesenes Profil der Lehrenden aus den Bereichen Prüfungswesen, Steuerrecht, Wirtschaftsrecht und Betriebs-/Volkswirtschaftslehre geachtet. Einzelne Lehrende verfügen z. B. über die Steuerberaterqualifikation und langjährige Lehrerfahrung in Repetitorien. Darunter sind zudem Herausgeber examensrelevanter Literatur sowie Mitglieder aus der Prüfungskommission zum Wirtschaftsprüfer. Abgerundet wird die Auswahl durch renommierte Praktiker als Lehrbeauftragte.

Ausdrückliches Ziel der Universität ist in Bezug auf den Master in Auditing das Angebot eines qualitativ hochwertigen Studiengangs. Dementsprechend werden Aspekte der Qualitätssicherung besondere Beachtung entgegengebracht. Ein Beirat – bestehend aus Persönlichkeiten der Wirtschaft und Forschung – dient dabei als zentrales Element kooperativer Qualitätssicherung. Der Beirat ist besetzt aus Vertretern und Vertreterinnen der Kooperationspartner, mittelständischen Wirtschaftsprüfungsgesellschaften, fachlich und operativ Verantwortlichen des Masters in Auditing sowie Angehörigen des Lehrkörpers der Universität.

Neben interdisziplinären Aspekten in den einzelnen Veranstaltungen wird zum Abschluss des Studiums eine Fallstudie durchgeführt, die interdisziplinär noch einmal die gesamte Fächerbreite des Studiums in anspruchsvoller Weise vereint, und wesentliche und vor allem examensrelevante Inhalte systematisch wiederholt und vertieft.

Das Curriculum vermittelt parallel zu den fachlichen Inhalten relevante funktionsübergreifende Kompetenzen. Unterschiedliche Lehrveranstaltungen fordern und fördern aufgrund besonderer inhaltlicher Vorgaben und der zum Tragen kommenden Didaktik die intellektuellen und persönlichen Fähigkeiten der Studierenden, deren Kommunikations- und Kontaktfähigkeit sowie ihre Managementpotentiale. Darüber hinaus wird mit Hilfe eines Orientierungstages zu Beginn jedes Semester den Studierenden ein Transfer zwischen Theorie und Praxis ermöglicht. Hier haben die Studierenden die Möglichkeit, sich unterstützt und begleitet durch praxiserfahrene, geschulte Berater/innen über Ihre Erfahrungen während der „Busy Season" auszutauschen und zu resümieren. Dieser besondere Beginn in das Semester hilft den Studierenden dabei, eine Brücke zwischen Berufsalltag und Studium zu schlagen. Zusätzlich besteht die Möglichkeit, überfachliche Themen zu platzieren. Durch einen Austausch mit vielen Reflexionsschleifen entsteht zusätzlich ein Gemeinschaftsgefühl und intensive Netzwerke können geknüpft werden.

Besondere Aufmerksamkeit schenken Studiengangsleitung und -koordination der optimalen Gestaltung der Lehr- und Lernbedingungen. Eine ständige Verfügbarkeit von Ansprechpartnern/-innen, die Zusammenfassung der relevanten Literatur des Semesters in einem gesonderten Bereich der Zentralbibliothek auf dem Campus und Bereitstellung bestausgestatteter Seminarräume seien nur beispielhaft genannt. Zur Optimierung der Vorbereitung auf das Wirtschaftsprüfungsexamen hat das Curriculum den fachlichen Schwerpunkt Wirtschaftsrecht und BWL/VWL in den ersten 3 Semestern, danach erfolgt die Konzentration auf die Module des Steuerrechts und des Prüfungswesens, Klausurstellung erfolgt modulweise am Semesterende.

3. Studienverlauf

Im Rahmen des oben beschriebenen Blockmodells sieht der Studienplan des Masterstudiengangs in den Präsenzphasen 16 Module aus den Prüfungsgebieten Prüfungswesen, Steuern, Wirtschaftsrecht und Betriebs- und Volkswirtschaftslehre mit studienbegleitenden Prüfungen vor sowie ein Seminar und die Masterarbeit. Die Inhalte des Masterstudiengangs orientieren sich an dem Referenzrahmen der WP-Kammer und bereiten somit optimal auf das bevorstehende Wirtschaftsprüfungsexamen vor.

Im Rahmen der Masterarbeit sollen die Studierenden innerhalb von drei Monaten eine wichtige Praxisfrage ihrer Branche wissenschaftlich fundiert lösen. Die Themenstellung sollte sich aus dem Gebiet des Prüfungswesens ergeben und fachübergreifende wissenschaftliche Aspekte vertieft beleuchten.

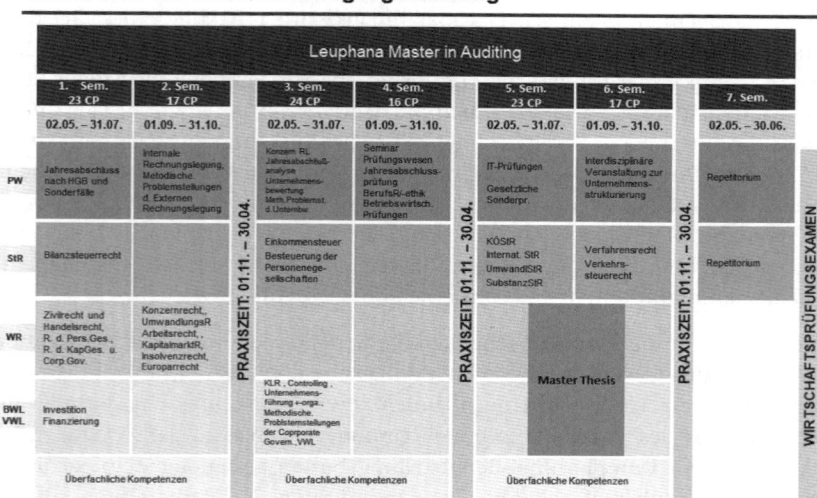

Curriculum des Masterstudiengangs Auditing

4. Zulassungsvoraussetzungen

Zugangsberechtigt sind grundsätzlich Mitarbeiterinnen und Mitarbeiter von Unternehmen, die Mitglied der Wirtschaftsprüferkammer sind. Die Zulassung zum Master in Auditing erfordert einen ersten berufsqualifizierenden Hochschulabschluss, vor Studienbeginn mindestens ein halbes Jahr Berufserfahrung in der Wirtschaftsprüfung, davon drei Monate Prüfungstätigkeit, einen Nachweis hinreichender Englischkenntnisse (Level B2 gem. Europäischem Referenzrahmen) sowie das Bestehen der rechtlich vorgeschriebenen Zugangsprüfung.

5. Bewerbungsverfahren

Interessierte für diesen Studiengang können sich im Zeitraum 1.–30. November (bei noch verfügbaren Plätzen weiterer Termin 1.–15. Februar) bewerben. Jährlich findet in der ersten Januarwoche eine Zugangsprüfung statt, zu deren Vorbereitung den Bewerbern/-innen Übungsklausuren sowie Literaturempfehlungen zur Verfügung gestellt werden. Eine weitere Zugangsklausur findet jährlich Mitte Februar statt.

Für den Fall, dass mehr Studienbewerber/innen die Zugangsvoraussetzungen erfüllen als Studienplätze vorhanden sind, wird es zusätzlich ein mündliches Auswahlgespräch geben.

6. Studiengebühren

Die Kosten für die Durchführung des Studienprogramms belaufen sich auf rd. 5.333,– € je Semester incl. Semesterbeiträge der Leuphana Universität Lüneburg.

7. Zusammenfassende Übersicht

- Abschluss: Master of Arts (M.A.)
- Akkreditierung   durch FIBAA (ohne Auflagen)
- Umfang: 6 Semester, berufsbegleitend (120 CP)
- Studienstart: jährlich 2. Mai
- Bewerbungsfrist: 1.–30. November jährlich für Studienbeginn Mai Folgejahr
- Zugangsprüfung: Januar eines Jahres vor Studienbeginn*
- Kosten: 32.000 EUR (inkl. Repetitorium und Semesterbeiträgen)
- Gruppengröße: max. 40 Studierende pro Jahrgang

Die Zulassung erfordert:

- Einen ersten berufsqualifizierenden Hochschulabschluss
- Mindestens ein halbes Jahr Berufserfahrung in der Wirtschaftsprüfung, davon drei Monate Prüfungstätigkeit
- Nachweis hinreichender Englischkenntnisse
- Erfolgreich absolvierte Leuphana-Zugangsprüfung

Besonderheiten:

- Dozierende mit langjähriger Berufserfahrung in Wissenschaft und Praxis sowie Mitgliedschaft in der Prüfungskommission zum Wirtschaftsprüfungsexamen
- Zielführende fachliche Schwerpunktsetzung im Curriculum
- Optimale Gestaltung der Lehr-/Lernbedingungen und Prüfungsabläufe

8. Weiterführende Informationen

Alle Informationen zum Studiengang finden Sie auf unserer Homepage:
http://www.leuphana.de/master-auditing

Für Fragen zum „Master in Auditing" wenden Sie sich bitte an:

Heike Hagemann
Studienprogrammkoordinatorin
Master in Auditing
Universitätsalle 1, C 6.326,
21335 Lüneburg
Tel. 04131-677 1954
E-Mail: heike.hagemann@leuphana.de

Universität Mannheim/ Mannheim Business School

„Mannheim Master of Accounting & Taxation" (§ 8a WPO)

L5, 6, 68131 Mannheim

Premiumausbildung für angehende Wirtschaftsprüfer und Steuerberater: Der „Mannheim Master of Accounting & Taxation" der Universität Mannheim/Mannheim Business School

Von Prof. Dr. Jens Wüstemann, Lehrstuhl für ABWL und Wirtschaftsprüfung, Universität Mannheim, Präsident der Mannheim Business School und Akademischer Direktor des „Mannheim Master of Accounting & Taxation"

Bereits 2008 wurde in Mannheim ein berufsbegleitender Masterstudiengang mit Spezialisierungen in den Bereichen „Wirtschaftsprüfung" und „Steuern" eingeführt. Er war eine wichtige Antwort auf die dem Berufsstand im Rahmen der Bologna-Reform erwachsenen Herausforderungen in der Mitarbeiterqualifikation.

Inzwischen haben rund 780 Studierende das Programm durchlaufen – und die Bestehensquoten in den Berufsexamina belegen eindrucksvoll den Erfolg des Mannheimer Modells.

Qualität garantiert

Der „Mannheim Master of Accounting & Taxation", der mit Spezialisierungen (Tracks) in den Bereichen „Wirtschaftsprüfung" („Accounting") oder „Steuern" („Taxation") belegt werden kann, steht für ein praxisorientiertes Masterstudium auf höchstem akademischen Niveau und ist stringent darauf ausgerichtet, Nachwuchsführungskräfte auf eine erfolgreiche und verantwortliche Tätigkeit als Wirtschaftsprüfer oder Steuerberater vorzubereiten. Die engen

Beziehungen zur Unternehmenspraxis, die Mannheim seit Jahren pflegt, sind ein maßgeblicher Erfolgsfaktor des Studiengangs. Sie garantieren die Praxisrelevanz der Lehrinhalte, ermöglichen es den Unternehmen aber auch frühzeitig, auf sich verändernde Anforderungen der Mitarbeiterqualifikation einzugehen. So kontrolliert etwa eine Kommission, bestehend aus hochrangigen Vertretern des Berufsstandes sowie Fachvertretern der Universität Mannheim, kontinuierlich Qualität und Praxisbezug der Ausbildung.

Verkürztes Wirtschaftsprüferexamen

Der Accounting Track des „Mannheim Master of Accounting & Taxation" ist die konsequente praktische Umsetzung der mit der fünften WPO-Novelle formulierten Ausbildungsreform. Er war 2008 einer der ersten § 8a-Studiengänge überhaupt und das einzige universitäre Programm, das seinen Absolventinnen und Absolventen den Weg in das verkürzte Berufsexamen im unmittelbaren Anschluss an das Studium ermöglichte.

Examensvorbereitung mit System

Der Studiengang unterstützt seine Teilnehmerinnen und Teilnehmer zudem systematisch und erfolgreich bei der Vorbereitung auf das Berufsexamen. Die Curricula beider Tracks sind nicht nur inhaltlich, sondern auch didaktisch auf dieses Ziel ausgerichtet. So lehren etwa im Prüfungsbereich „Steuerrecht" überwiegend Angehörige der Finanzverwaltung und der Finanzgerichtsbarkeit. Mit Blick auf das Berufsexamen sind im Accounting Track darüber hinaus Repetitorien und Klausurenvorbereitungskurse integriert, die den Studierenden ergänzend zu den fachlichen Inhalten auch die für das Examen notwendige Klausurtechnik vermitteln.

Unmittelbare Anwendbarkeit

Im „Mannheim Master of Accounting & Taxation" werden Grundlagen und Anforderungen der modernen, international ausgerichteten Wirtschaftsprüfung und Steuerberatung gelehrt. Theorie und Praxis werden gleichermaßen berücksichtigt und das berufsbegleitende Teilzeitmodell ermöglicht es den Teilnehmerinnen und Teilnehmern, ihr gewonnenes Wissen direkt im Berufsalltag anzuwenden. Auch die Masterarbeit ist anwendungsbezogen und wird sowohl durch den Lehrkörper als auch durch wenigstens einen Mentor aus der Praxis betreut.

Förderung von Schlüsselqualifikationen

Als Premiumausbildung für den Führungsnachwuchs in Wirtschaftsprüfung und Steuerberatung vermittelt das Programm seinen Studierenden nicht nur die notwendigen Fachkenntnisse, sondern in speziellen Kursen auch für Führungspositionen unverzichtbare Schlüsselqualifikationen. Zudem ist Gruppenarbeit wesentlicher Bestandteil des Studienprogramms. Ein auf den Studiengang zugeschnittenes Coaching-Programm fördert zusätzlich die Persönlichkeitsentwicklung.

Extracurriculare Veranstaltungen und Netzwerk

Ein weiteres wichtiges Element des Studiengangs sind extracurriculare Veranstaltungen, die aktuelle Themenstellungen aufgreifen und regelmäßig namhafte Vertreter aus Wissenschaft und Wirtschaft zusammenbringen. Die Veranstaltungen bieten Gelegenheit, Kontakte mit Studierenden und Absolventen anderer Programme der Mannheim Business School sowie Vertretern von Partnerunternehmen und -einrichtungen zu knüpfen. So legen die Teilnehmerinnen und Teilnehmer den Grundstein für ein persönliches Netzwerk, auf das sie ein Leben lang zurückgreifen können.

Zeitmodell und Zugangsvoraussetzungen

Für eine optimale Studierbarkeit finden die Lehrveranstaltungen in beiden Tracks blockweise im Frühjahr bzw. -sommer und Herbst statt. In der arbeitsreichen Zeit um den Jahreswechsel sind keine Veranstaltungen vorgesehen. So bleiben die Mitarbeiter in ihre Teams integriert und können das Gelernte unmittelbar in der Praxis anwenden. Das Studium, das sich über einen Zeitraum von drei Jahren erstreckt, umfasst 120 ECTS und schließt mit dem akademischen Grad des Master of Science der Universität Mannheim ab. Die Bewerbungsfristen sind auf der Webseite zu finden.

Voraussetzungen für die Teilnahme am Studiengang sind ein erster berufsqualifizierender Hochschulabschluss (z. B. Bachelor, Diplom oder juristisches Staatsexamen), das Bestehen der Zugangsprüfung (2 Klausuren) sowie beim

Accounting-Track der Nachweis einer mindestens sechsmonatigen postgradualen Berufserfahrung gemäß § 9 WPO. Zudem sind ausreichende Englischkenntnisse (TOEFL/äquivalente Prüfung) nachzuweisen. Die Studiengebühren betragen für den Taxation-Track 25.000 € und schließen sämtliche Unterrichtsleistungen ein. Für den Accounting-Track belaufen sich die Studiengebühren auf 32.000 € inklusive Repetitorien und Klausurenkurse.

Die Fakultät für Betriebswirtschaftslehre der Universität Mannheim und die Mannheim Business School

Die akademische wirtschaftswissenschaftliche Ausbildung hat in Mannheim eine lange Tradition: Bereits 1907 wurde hier eine der ersten Hochschulen für Handel in Deutschland gegründet. Heute ist die Fakultät für Betriebswirtschaftslehre der Universität Mannheim gemeinsam mit der Mannheim Business School, ihrem organisatorischen Dach für Managementweiterbildung, eine der führenden wirtschaftswissenschaftlichen Bildungsinstitutionen in Europa. Mit Bachelor- und Masterstudiengängen, MBA- und PhD-Programmen sowie kompakten Managementseminaren für Einzelpersonen oder Unternehmen ist Mannheim ein Komplettanbieter in der Aus- und Weiterbildung von Führungskräften.

Die Bereiche „Wirtschaftsprüfung" und „Steuerlehre" – zusammengefasst in der sieben Lehrstühle starken Area „Accounting & Taxation" – gehören seit Jahrzehnten zu den Kernkompetenzen der Fakultät. Der herausragende Lehrkörper zeichnet sich nicht nur durch sein wissenschaftliches Renommee aus, sondern auch durch sein einzigartiges Lehr- und Studienkonzept, das Wissenschaft und Praxis beispielhaft vereint.

Seit Jahren gilt Mannheim laut zahlreicher nationaler und internationaler Rankings (z. B. Financial Times, The Economist) als führende Managerschmiede in Deutschland. Im Uni-Ranking der WirtschaftsWoche steht Mannheim seit 2000 im Fach BWL fast ununterbrochen klar an erster Stelle. Als erste deutsche Institution trägt Mannheim die Gütesiegel der drei bedeutendsten internationalen Vereinigungen wirtschaftswissenschaftlicher Bildungseinrichtungen (AACSB International, AMBA und EQUIS).

Detaillierte Informationen zum
„Mannheim Master of Accounting & Taxation"
finden sich auch im Internet unter
www.mannheim-accounting-taxation.com.

Fachhochschule Münster und Hochschule Osnabrück

Masterstudiengang „Auditing, Finance and Taxation" (MAFT) (§ 8a WPO)

Caprivistr. 30 a, 49076 Osnabrück Corrensstr. 25, 48149 Münster

**Masterstudiengang „Auditing, Finance and Taxation" (MAFT) –
gemeinsames § 8a WPO-Angebot der Hochschulen Münster
und Osnabrück**

Von Dipl.-Betriebswirtin (FH) Heike Thiele, Studiengangkoordinatorin

1. MAFT – von Anfang an mit dabei!

Die Hochschule Osnabrück und die FH Münster gehören zu den größten
(Fach-)Hochschulen Niedersachsens und Nordrhein-Westfalens und sind beide Mitglieder im Verbund UAS7 e. V. Gemeinsam bieten sie seit dem Wintersemester 2006/07 den akkreditierten und als „zur Ausbildung von Wirtschaftsprüfern[1] besonders geeigneten Studiengang" im Sinne des § 8a WPO
anerkannten Masterstudiengangs „Auditing, Finance and Taxation" an.

Seit dem Start haben mehrere Studiengruppen das Studium erfolgreich absolviert und zahlreiche Absolventen das Wirtschaftsprüfungsexamen abgelegt.
Über zehn Jahre MAFT-Erfahrung einschließlich der Erkenntnisse aus zwei
erfolgreichen Reakkreditierungen[2] des Studiengangs fließen in die Ausgestaltung des Masterstudiengangs ein, mit dem Ziel, Studierende und alle künftigen MAFT-Interessenten erfolgreich durch das Studium und das sich anschließende Wirtschaftsprüfungsexamen zu führen.

---

[1] Im nachfolgenden Text wird aus Gründen der besseren Lesbarkeit nur die mas-
kuline Form für personenbezogene Substantive verwendet. Männer und Frauen sind
in allen Fällen gleichermaßen angesprochen.

[2] Letzte Akkreditierung erfolgte am 23.03.2018.

2. Die inhaltliche Ausgestaltung des Studiengangs

Der Masterstudiengang „Auditing, Finance and Taxation" erstreckt sich über **fünf Semester** und **120 Credits** (Leistungspunkte).

Die einzelnen Module umfassen jeweils 4 bis 12 Credits und lassen sich (entsprechend der Untergliederung in § 4 der Wirtschaftsprüferprüfungsverordnung) zu den Schwerpunkten **Prüfungswesen, Steuern, BWL/VWL** und **Recht** zusammenfassen.

Die **zeitliche Verteilung** der einzelnen Module auf die Semester ist im nachfolgenden **Studienverlaufsplan** dargestellt und berücksichtigt insbesondere folgende Aspekte:

- Die für das fünfte Semester vorgesehene Masterarbeit ist zwingend in dem Bereich „Wirtschaftliches Prüfungswesen, Unternehmensbewertung und Berufsrecht" zu schreiben. Aus diesem Grund werden alle Module des Schwerpunkts „Prüfungswesen" als Grundlage hierfür in den ersten vier Semestern angeboten. Die Masterarbeit ist innerhalb eines Zeitraums von drei Monaten anzufertigen. Die Themenstellung kann sowohl theoretischer Natur sein als auch praxisnahe Fragestellungen der Wirtschaftsprüfung aufgreifen. Den Abschluss der Masterarbeit bildet ein halbstündiges Kolloquium, in dem der Kandidat seine Arbeit vorstellt und verteidigt.

- Im Wirtschaftsprüfungsexamen entfallen für MAFT-Absolventen die Klausuren in den Bereichen „Angewandte Betriebswirtschaftslehre, Volkswirtschaftslehre" und „Wirtschaftsrecht". Ein Angebot der Module dieser beiden Schwerpunkte vorwiegend in den ersten drei Semestern, ermöglicht den Studierenden die Konzentration auf die verbleibenden (Wirtschaftsprüfungsexamens-)Gebiete „Prüfungswesen" und „Steuern" am Ende des Studiums.

Für ein Modul mit 5 Credits sind ca. 40–45 **Präsenzstunden** vorgesehen, sodass in den ersten vier Semestern jeweils ca. 225 bis 250 Veranstaltungsstunden angeboten werden. Auf das gesamte Studium bezogen sind es ungefähr 940 Stunden.

Fallstudien und Projekte, sowie ergänzende Exkursionen zu Gerichten, Unternehmen oder Behörden verfestigen und erweitern darüber hinaus das theoretische Wissen.

Credits					
1. Semester	25	Jahres-abschluss und Berufsrecht	Investition und Finanzierung, Volkswirtschaftslehre	Bürger-liches Recht	Einkom-men- und Bilanz-steuer-recht
2. Semester	25	Jahresab-schluss-prüfung/ IT-Prüfung	Methodische Problemstellungen der externen Rechnungslegung und Corporate Governance	Gesellschafts- und Konzernrecht	
3. Semester	25	Konzern-abschluss und IFRS	Unternehmens-bewertung	EU-, Kapital-markt- und Insolvenzrecht	Abgabenordnung, Bewertungsgesetz und Erbschaft-steuer
4. Semester	25	Sonder-prüfungen	Unternehmens-führung und Organisation	Unternehmens-besteuerung / Verkehr-steuern	Internationale Besteuerung und Umwandlungs-besteuerung
5. Semester	20	Seminar (Prüfungs-wesen)	Masterarbeit (aus dem Schwerpunkt Prüfungswesen)		

Studienverlaufsplan des Masterstudiengangs „Auditing, Finance and Taxation"

MAFT vermittelt auch die notwendigen **Schlüsselqualifikationen**, wie Wissenschaftliche Methodenlehre, Präsentationstechniken und Kommunikation und Gesprächsführung mit Mandanten und (Finanz-)Behörden.

Die Durchführung der Veranstaltungen erfolgt durch ein **Dozententeam**, das sich zurzeit aus 21 Professoren der Hochschulen Münster und Osnabrück sowie 12 externen Lehrbeauftragten, z. B. Steuerberater, Wirtschaftsprüfer, Rechtsanwälte, Richter zusammensetzt. Sie alle tragen dazu bei, dass im MAFT die theoretischen und praktischen Aspekte der Ausbildung zum Wirtschaftsprüfer in ausgewogener Form berücksichtigt werden.

Seit 2012 gibt es einen Beirat, der **Qualitätssicherung und -entwicklung** gewährleistet. Dieser setzt sich aus Vertretern der Wirtschaft, der Alumni und der Studierenden zusammen und wird duch die Studiengangbeauftragten und die Studiengangkoordinatorin unterstützt.

3. Die Organisation des Studiengangs

Der Masterstudiengang „Auditing, Finance and Taxation" ist auf den Jahresarbeitsrhythmus von Prüfungsassistenten abgestellt und konzentriert das Studium auf die prüfungsärmeren Sommermonate sowie eine lange veranstaltungsfreie Zeit in den Wintermonaten zum Arbeiten in der „Busy Season" (Dezember bis April). Die Präsenzveranstaltungen (in der Regel montags bis freitags von 8.30 Uhr bis 16.00 Uhr) werden geblockt in den Monaten Mai/ Juni und September/Oktober angeboten. Die Prüfungszeiträume sind der Juli und der November. Zum Sommersemester startet eine Studiengruppe abwechselnd in Osnabrück oder in Münster. Der komplette Studienverlauf wird dann am jeweiligen Studienort angeboten. Zum Sommersemester 2023 startet die Studiengruppe in Münster.

Die **Immatrikulation** der Studierenden – unabhängig vom tatsächlichen Veranstaltungsort – erfolgt an der **Hochschule Osnabrück**, daher ist die Bewerbung um einen Studienplatz ausschließlich an die Hochschule Osnabrück zu richten. Die Studierenden können sämtliche Einrichtungen beider Hochschulen (z. B. Bibliotheken, Mensen) nutzen.

Nach erfolgreichem Studium wird von den Hochschulen Münster und Osnabrück gemeinsam der Hochschulgrad **Master of Arts** (M. A.) verliehen. Zeugnis und Diploma Supplement werden von beiden Hochschulen gemeinsam ausgestellt.

Der Masterstudiengang lässt sich mit der **Modularisierung des Wirtschafts-prüferexamens** gut vereinen. Da der Studiengang auch auf die Fächer Prü-fungswesen und Steuerrecht vorbereitet, ist das Antreten zu einem Prüfungs-fach direkt im Anschluss an den Masterabschluss möglich. Das zweite Prü-fungsfach kann zu einem späteren Zeitpunkt abgelegt werden. Dies führt zu einer weiteren Reduzierung der Prüfungsbelastung und einer individuelleren Examensplanung.

4. Zugang, Zulassung und Kosten des Studiengangs

Die **Zugangsvoraussetzungen** zum Masterstudiengang sind bis auf das zu-sätzliche Erfordernis englischer Sprachkenntnisse[3] deckungsgleich mit den für § 8a WPO-Studiengänge vorgeschriebenen Anforderungen.[4]

Die **Zugangsprüfung** besteht aus zwei jeweils dreistündigen Klausuren. Die vier Schwerpunkte „BWL", „Recht", „Prüfungswesen" und „Steuern" werden auf die zwei Klausuren aufgeteilt. Jedes Prüfungsgebiet muss für sich mit min-destens ausreichend bewertet werden. Die Zugangsprüfung kann im Falle des Nichtbestehens zweimal wiederholt werden. Den MAFT-Bewerbern werden zur optimalen Vorbereitung der Zugangsprüfung umfangreiche Literaturhin-weise gegeben und eine zweitägige Informationsveranstaltung angeboten.

Die **Studiengebühr** für den fünfsemestrigen Studiengang beträgt insgesamt 11.250 €, d. h. 2.250 € pro Semester zuzüglich Semesterbeiträge. Sofern die Regelstudienzeit von fünf Semestern überschritten wird, reduziert sich die Studiengebühr auf 400 € pro Semester zuzüglich Semesterbeiträge.

5. Betreuung vom Interessenten bis zum Absolventen – und darüber hinaus

Verantwortlich für die Durchführung des Studiengangs und erste Ansprech-partner in allen Belangen ist die **Studiengangsleitung**: Herr StB Prof. Dr. Dirk Kiso von der FH Münster und Herr StB Prof. Dr. Norbert Tonner von der Hochschule Osnabrück. Für die Organisation des Studiengangs und die Be-

---

[3] Kenntnisse der englischen Sprache werden mit mindestens dem Niveau B2 des Europäischen Referenzrahmens für Fremdsprachen erwartet.

[4] Vgl. hierzu § 3 der WPAnrV sowie Punkt 2.b des Referenzrahmens.

treuung aller Interessenten, Studierenden und Absolventen ist die **Geschäftsstelle MAFT** mit den beiden Mitarbeiterinnen Frau Heike Thiele und Frau Cornelia Stypinski (Ansprechpartnerin in Münster) zuständig.

Interessenten

Am Masterstudiengang „Auditing, Finance and Taxation" Interessierte können sich zunächst über die Internetseiten des Studiengangs unter www.maft.de informieren. Für persönliche Informationsgespräche wenden Sie sich gerne an:

Heike Thiele
Studiengangkoordinatorin
Hochschule Osnabrück
Geschäftsstelle MAFT
Postfach 1940
49009 Osnabrück
Tel.: 0541-969 3783
E-Mail: info@maft.de

Einmal pro Semester finden an beiden Hochschulen Informationsveranstaltungen zum Studiengang statt. Die Termine werden frühzeitig im Internet unter www.maft.de bekannt gegeben.

Bewerber

Das Online-Bewerbungsportal ist für die Bewerbung zum Masterstudiengang „Auditing, Finance and Taxation" in der Regel ab Oktober des Vorjahres geöffnet. Im Bewerbungsportal sind alle Unterlagen (Lebenslauf, Zeugnisse, Bescheinigungen etc.) hochzuladen. Weitere Informationen zum Ablauf der Bewerbung finden Sie im Internet unter www.maft.de/bewerbung.

Die Bewerbungsfrist endet am 10. November bei Teilnahme an der vorgezogenen Zugangsprüfung im Dezember und ansonsten am 28. Februar. Die letzte Zugangsprüfung vor Studienstart wird Ende März/Anfang April angeboten. Die aktuellen Termine werden auf der Internetseite www.maft.de bekanntgeben.

Universität Bayreuth

Master of Science (§ 13b WPO)

Universitätsstraße 30, 95447 Bayreuth
www.wp-option.uni-bayreuth.de

Masterstudiengang „Betriebswirtschaftslehre" mit WP-Option gemäß § 13b WPO an der Universität Bayreuth

Von StB Prof. Dr. Rolf Uwe Fülbier und Lorenz Piering

Überblick

Seit dem Wintersemester 2010/2011 bietet die Universität Bayreuth die Möglichkeit zur Verkürzung des Wirtschaftsprüfungsexamens gemäß § 13b WPO. Im Rahmen des Masterstudiengangs „Betriebswirtschaftslehre" können Sie die Prüfungsgebiete „Angewandte Betriebswirtschaftslehre, Volkswirtschaftslehre" („Angewandte BWL, VWL") und „Wirtschaftsrecht" bereits im Rahmen des Studiums absolvieren *(WP-Option)*. An der Universität Bayreuth haben sowohl die generalistische Ausrichtung der betriebswirtschaftlichen Studiengänge als auch die enge Verzahnung der wirtschaftswissenschaftlichen und juristischen Ausbildung eine lange Tradition. Vor diesem Hintergrund integriert sich die *WP-Option* in das bestehende Studienprogramm derart, dass die Möglichkeit zur Verfolgung weiterer wirtschaftswissenschaftlicher und -rechtlicher Interessen besteht und nur wenige Zusatzleistungen abzulegen sind.

Seit ihrer Gründung im Jahre 1975 ist die Universität Bayreuth mit starker Internationalität und Interdisziplinarität sowie hoher Praxisrelevanz fast 50 Jahre extrem erfolgreich in Forschung und Lehre aktiv. So belegt die Universität Bayreuth im weltweiten Times Higher Education World University Ranking beim Young University Ranking 2021 einen hervorragenden 45. Platz. Spitzenplatzierungen in verschiedenen weiteren Hochschulrankings wie z. B. dem

CHE unterstreichen diesen Anspruch insbesondere auch für die Betriebswirtschaft. Studierende der Bayreuther WP-Option profitieren aber auch von der extrem guten Positionierung der VWL und der Rechtswissenschaft. So sieht z. B. das Ranking der Wirtschaftswoche 2022 die Rechtswissenschaft deutschlandweit auf Platz 8 und die VWL unter den Top 10. Die hohe Kompetenz in der universitären Forschung und Lehre kommt den Studierenden angesichts der stetig wachsenden Bedeutung von Methodenkompetenz in der Wirtschaftsprüfungspraxis unmittelbar zugute. Besonders engagierten Studierenden eröffnet sich zudem die Möglichkeit einer Promotion an einem der beteiligten Lehrstühle.

PROJECT – Sieben Gründe für die WP-Option an der Universität Bayreuth

Partner In der *WP-Option* ist die Praxis stets nahe! Experten unserer Praxispartner verstärken uns in der Lehre. Vielfältige Angebote von Praktika, Werksstudentätigkeiten, Auslandseinsätzen bis hin zum Berufseinstieg gehören dazu.

Ranking Spitzenplätze in den Hochschulrankings bestätigen regemäßig die exzellente Qualität der Bayreuther Lehre und die hervorragenden Studienbedingungen in der Betriebswirtschaftslehre. Der „Ökonom Bayreuther Prägung" ist seit Jahrzehnten ein auf dem Arbeitsmarkt nachgefragtes Premiumprodukt.

Organistion Die Integration der *WP-Option* in das laufende Master-Programm erlaubt Flexibilität und Freiheit bei der Studiengestaltung (u.a. Fächerwahl, Praktika, Auslandsaufenthalte). Sie ketten sich nicht schon im Studium an ein einzelnes Unternehmen und unterliegen keinen zusätzlichen Studiengebühren.

Jura Die hervorragende wirtschaftsrechtliche Ausbildung ist mit den Wirtschaftswissenschaften eng verwoben. Garant dafür ist eine gemeinsame Fakultät für Rechts- und Wirtschaftswissenschaften – im Übrigen mit einer Rechtswissenschaft, die im Ranking zur absoluten Ausbildungsspitze in der deutschen Universitätslandschaft gehört.

Einzigartig | Als einzige Universität in Deutschland bieten wir beide Prüfungsgebiete („Angewandte BWL, VWL" und „Wirtschaftsrecht") im 13b-Programm auf Master-Level an.

Campus | Der schönste Campus Deutschlands – durch kurze Wege, moderne Infrastruktur, kleine Kurse und persönliche Betreuung bietet die Universität Bayreuth optimale Studienbedingungen. Die Festspielstadt Bayreuth stellt eine traumhafte Studienumgebung bereit; Studierende erfreuen sich im Sommer wie Winter an Freizeitaktivitäten auf höchstem Niveau und, laut Guiness-Buch der Rekorde, an der höchsten Brauereidichte der Welt!

Treue | Ein starkes Alumni-Netzwerk bietet auch abseits der Vorlesungen beste Kontaktmöglichkeiten – zum Beispiel in einem typischen fränkischen Biergarten. Dies gilt bereits während des Studiums und natürlich auch danach.

Konzept der WP-Option gemäß § 13b WPO

Die *WP-Option* ist in den Masterstudiengang „Betriebswirtschaftslehre" eingebettet.[1] Optimale Synergien ergeben sich mit der großen Vertiefung *FACT (Finance, Accounting, Controlling, Taxation)*, die aber nicht zwingend zu belegen ist. Damit bleibt eine weitgehende Flexibilität des Studiums erhalten. Es besteht dahingehend Wahlfreiheit, ob mit der *WP-Option* die Teilbereiche „Angewandte BWL, VWL" und „Wirtschaftsrecht" oder nur einer der beiden Bereiche erbracht werden sollen (Abbildung).

Zur Ausübung der *WP-Option* ist eine Auswahl relevanter Veranstaltungen aus dem bestehenden Studienangebot zu belegen.[2] Während die Pflichtveranstaltungen vorgegeben sind, können innerhalb der eigenen Studienschwerpunkte zwei Wahlpflichtveranstaltungen für das Prüfungsgebiet „Angewandte BWL, VWL" gewählt werden. Neben der Immatrikulation in den Masterstudiengang „Betriebswirtschaftslehre" ist für die beiden Teilbereiche jeweils eine

---

[1] Weitere Informationen zu Aufbau und Immatrikulationsvoraussetzungen finden Sie im Studiengangsportal Betriebswirtschaftslehre unter http://www.bwl.uni-bayreuth.de/de/master_bwl/.

[2] Aktuelle Studienpläne finden Sie unter http://www.wp-option.uni-bayreuth.de/de/wp-option/structure/index.html.

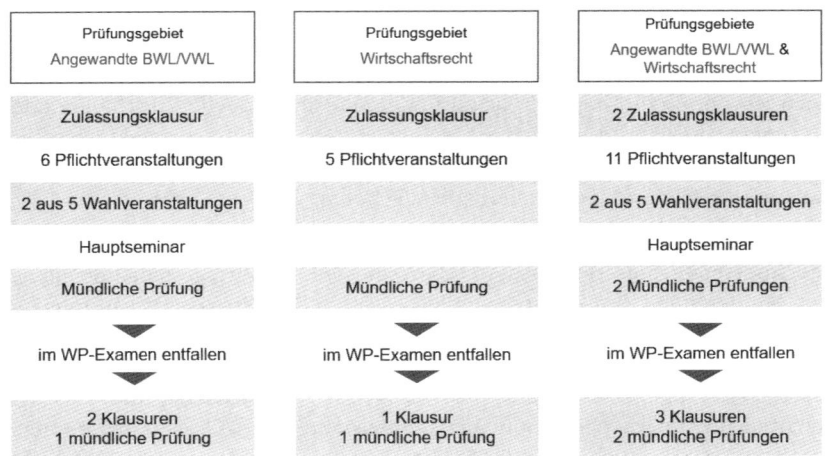

Abbildung: Teilbereiche und Ausübungsmöglichkeiten der WP-Option

Zulassungsklausur zu absolvieren. Diese umfassen 120 Minuten und sind im ersten Fachsemester abzulegen.

Den letzten Schritt stellen die mündlichen Prüfungen dar, die im letzten Semester abzulegen sind. Hier stellen Sie abschließend Ihr erworbenes Wissen sowie Ihre Fähigkeit in einem oder beiden Prüfungsgebieten unter Beweis. Bei erfolgreichem Abschluss der erforderlichen Teilleistungen wird Ihnen das Zertifikat über die *WP-Option* ausgestellt, welches später bei der Anmeldung zum Wirtschaftsprüfungsexamen vorzulegen ist.

Rechtlicher Hinweis

Die Akkreditierung der *WP-Option* im Masterstudiengang „Betriebswirtschaftslehre" als gleichwertige Hochschulleistung zu den Klausuren „Angewandte BWL, VWL" und „Wirtschaftsrecht" liegt bisher für die Studienzeiträume zwischen dem Wintersemester 2010/2011 und dem Wintersemester 2021/2022 (1. bis 22. Kohorte) vor (Stand: Juli 2022). Die Folgeanträge für darauffolgende Studienzeiträume wurden fristgerecht bei der Wirtschaftsprüferkammer gestellt. Eine darüber hinausgehende Fortführung wird angestrebt.

Abschließende Bemerkungen

Weitere Informationen zur *WP-Option* an der Universität Bayreuth sind unter www.wp-option.uni-bayreuth.de zu finden. Für individuelle Rückfragen oder allgemeine Auskünfte wenden Sie sich an Lorenz Piering (Kontaktdaten unten). Zu Beginn eines jeden Semesters wird eine Informationsveranstaltung für Interessierte und Neustudierende angeboten.

Wir danken unseren Partnern aus der Berufspraxis, die die Finanzierung dieses Studienangebots sicherstellen. Hier sind wir breit aufgestellt und bieten den Studierenden den Zugang zu allen Facetten der Wirtschaftsprüfung. Seit Oktober 2019 profitieren die Studierenden der Bayreuther *WP-Option* von mehreren privilegierten Partnerschaften. Diese reichen von einigen weltweit agierenden Big4-Gesellschaften sowie großen Wirtschaftsprüfungsgesellschaften bis hin zu eher regionalen, mittelständischen Gesellschaften; auch der genossenschaftliche Prüfungsverband ist in Bayreuth präsent und bietet wie alle anderen Partner entsprechende Einblicke und spannende Einstiegsmöglichkeiten.

Ansprechpartner

Koordinator der WP-Option

Universität Bayreuth
Lehrstuhl BWL X – Internationale Rechnungslegung
Prof. Dr. Rolf Uwe Fülbier, StB
Prieserstraße 2
95444 Bayreuth

Weitere Informationen

Lorenz Piering
Tel.: +49 921 55-4823
E-Mail: wp-option@uni-bayreuth.de
URL: www.wp-option.uni-bayreuth.de

Hochschule Bochum

Masterstudiengang „Accounting, Auditing and Taxation" („MAAT")
(§ 13b WPO)
Masterstudiengang „Accounting and Taxation" („MAT") (§ 13b WPO)

Fachbereich „Wirtschaft"
Hochschulcampus 1, 44801 Bochum

„MAAT" und „MAT" in Bochum: Kompetenz auf dem Weg zum Wirtschaftsprüfer (WP)

Von Prof. Dr. Carsten Theile, Studiengangsleiter

Die Hochschule Bochum (BO) ist aktuell die einzige Hochschule/Universität im Ruhrgebiet mit dem Angebot einer „WP-Option" nach § 13b WPO.

Darüber hinaus gehört die BO nach Auffassung von Wirtschaftsprüfungsgesellschaften und ihren Mandanten zu Deutschlands besten Hochschulen im Fach Wirtschaftsprüfung: In einer groß angelegten Studie des manager magazins und der WGMB (Wissenschaftliche Gesellschaft für Management und Beratung mbH) erreichte die BO im Jahr 2020 einen hervorragenden vierten Platz unter den bundesweiten Fachhochschulen. Nicht zuletzt unser MAAT hat zu dieser TOP-Platzierung geführt.

1. Studienangebot

Die Hochschule Bochum (BO) bietet den viersemestrigen Vollzeitstudiengang „MAAT" sowie den dreisemestrigen „MAT" mit einer „WP-Option" (§ 13b WPO) an (siehe dazu unter 7.: „Rechtlicher Hinweis").

„MAAT" und „MAT" richten sich an erfolgreiche Absolventen eines Studiengangs mit wirtschaftswissenschaftlichem Schwerpunkt, die eine Affinität zu den Bereichen „Rechnungslegung", „Prüfungswesen" und/oder „Besteuerung" entwickelt haben. Im Studium legen wir darüber hinaus großen Wert auf eine Vernetzung von wirtschaftlichen und juristischen Themen. Erste praktische Berufserfahrungen in der Wirtschaftsprüfung sind vor Aufnahme des Studiums willkommen, aber keine Einstiegsvoraussetzung.

2. Perspektiven

Nach erfolgreich absolviertem „MAAT" oder „MAT" besteht die Möglichkeit des Einstiegs in eine Fach- und Führungskräftelaufbahn in der Steuerberatung/Wirtschaftsprüfung. Aber auch andere Einsatzgebiete sind möglich und werden von unseren bisherigen Absolventen wahrgenommen, etwa im Controlling, Rechnungswesen und in Steuerabteilungen von Unternehmen, in Banken und Versicherungen sowie vieles mehr.

3. Aufbau und Inhalt des Studiengangs

„MAAT" und „MAT" sind als **Vollzeitstudium** über vier bzw. drei Semester konzipiert. Im jeweils letzten Semester ist anstelle von Lehrveranstaltungen ein mindestens sechswöchiges Praktikum vorgesehen. Außerdem wird im letzten Semester die Masterarbeit (drei Monate) geschrieben. Das Studium wird durch ein Kolloquium abgeschlossen.

Die Vermittlung eines fundierten und breiten Kompetenzniveaus dient in den **anwendungsorientierten** „MAAT" und „MAT" als Basis, Wissen und Fähigkeiten nicht nur auf bekannte, sondern vor allem auf neue Problemstellungen zielgerichtet anzuwenden. Außerdem erwerben die Studierenden **Methodenkompetenz**, um sich auch nach dem Studienabschluss selbstständig neues Wissen und neue Fähigkeiten aneignen zu können. In Workshops und Fallstudien wird überdies trainiert, fachübergreifend zu denken und zu handeln.

4. Studienbedingungen und Ausstattung

Ein Master-Studium in Kleingruppen hat für uns hohe Priorität. In der Regel sitzen nicht mehr als 30 Studierende in unseren „MAAT"- und „MAT"-Veranstaltungen. In studentischen Evaluationen werden die individuelle Betreuung und der unkomplizierte Kontakt zu den Professoren und Lehrbeauftragten stets gelobt. Unsere Dozenten sind erfahren im Umgang mit digitalen Lernplattformen.

Die technische Ausstattung unserer Räume ist mit Rechner, Beamer, Visualizer, Whiteboards usw. state-of-the-art. Unsere Bibliothek hält ein breites und aktuelles Angebot studienrelevanter Medien vor, sowohl herkömmlich als Hardcopy als auch digital. Die Datenbanken der einschlägigen Verlage sind vorhanden.

5. Besonderheiten

Regelmäßige **Exkursionen** zu Unternehmen und Beratungsgesellschaften schärfen den Blick. Weiterhin finden Workshops zu Prüfungs- und steuerlichen Themen in Unternehmen vor Ort statt. Umgekehrt laden wir Vertreter aus Wissenschaft und Praxis zu **Gastvorträgen** ein.

Um das Studium auf einem hohen Niveau zu halten und inhaltlich weiterzuentwickeln, haben wir einen **Beirat** für den „MAAT" und „MAT" eingerichtet. Dieser Beirat besteht derzeit aus elf Vertretern der Wirtschaft (Prüfungsgesellschaften und Unternehmen), die uns regelmäßig beraten und unseren Studierenden wertvolle Hinweise für die berufliche Zukunft geben.

6. Zugangsvoraussetzung

Voraussetzung für die Aufnahme des Studiums im „MAAT" und „MAT" ist neben den allgemeinen Zugangsvoraussetzungen gem. § 4 RPO ein **qualifizierter Abschluss** (Bachelor oder Diplom) mit einer Gesamtnote von **mindestens 2,5** eines **mindestens 6-semestrigen Studiengangs (180 Leistungspunkte) („MAAT")** bzw. **mindestens 7-semestrigen Studiengangs (210 Leistungspunkte) („MAT") „Betriebswirtschaftslehre/Wirtschaftswissenschaften" oder „Volkswirtschaftslehre"** oder eines **fachlich vergleichbaren Studiengangs** an einer staatlichen oder staatlich anerkannten Hochschule.

Darüber hinaus ist der **Nachweis einer studiengangbezogenen besonderen Vorbildung** (§ 49 Abs. 7 Hochschulgesetz NRW) erforderlich, der über die entsprechende erfolgreiche Belegung folgender Studienmodule bzw. Studienfächer im Bachelor- oder Diplomstudium erbracht wird:

1. Kosten- und Leistungsrechnung und/oder Controlling bzw. vergleichbare Veranstaltungen im Umfang von mindestens 4 ECTS,

2. Unternehmensfinanzierung und/oder Investitionsrechnung (Investition und Finanzierung) bzw. vergleichbare Veranstaltungen im Umfang von mindestens 4 ECTS,

3. Unternehmensführung und -organisation bzw. vergleichbare Veranstaltungen im Umfang von mindestens 4 ECTS,

4. Buchführung und/oder Jahresabschluss bzw. vergleichbare Veranstaltungen im Umfang von mindestens 4 ECTS,

5. Mathematik und/oder Statistik bzw. vergleichbare Veranstaltungen im Umfang von mindestens 4 ECTS,

6. Volkswirtschaftslehre und Volkswirtschaftspolitik bzw. vergleichbare Veranstaltungen im Umfang von mindestens 4 ECTS,

7. Steuerrecht und/oder Unternehmensbesteuerung bzw. vergleichbare Veranstaltungen im Umfang von mindestens 4 ECTS und

8. Wirtschaftsrecht (BGB und Handelsrecht) bzw. vergleichbare Veranstaltungen im Umfang von mindestens 4 ECTS.

Der MAAT startet ausschließlich im Wintersemester; der MAT im Sommersemester.

7. Rechtlicher Hinweis

Die Möglichkeit zur Anrechnung von Studienleistungen auf das Wirtschaftsprüferexamen nach § 13b WPO ist für jeden Studierendenjahrgang von der Prüfungsstelle bei der Wirtschaftsprüferkammer neu zu genehmigen. Die Hochschule Bochum strebt auch für künftige Kohorten die Anerkennung jährlich an, kann sie gleichwohl nicht rechtsverbindlich garantieren. Für den „MAT" wird der Antrag für den Bereich BWL/VWL zum kommenden Jahrgang erstmalig gestellt. Bisherige Anerkennungen liegen für folgende Jahrgänge des „MAAT" vor:

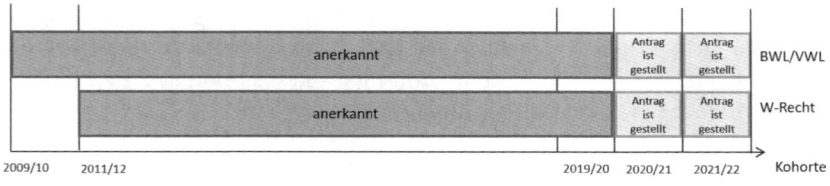

8. Kontakt

Studiengangsleitung „MAAT" und „MAT":

Prof. Dr. rer. pol. Carsten Theile

Weitere Informationen erhalten Sie von:

Dipl.-Kfm. (FH) Andreas Stach
Tel.: +49 234 32-10661
E-Mail: andreas.stach@hs-bochum.de
https://www.hochschule-bochum.de/studium/studienangebote/masterstudien
gaenge/accounting-auditing-and-taxation/

Heinrich-Heine-Universität Düsseldorf

Master of Science (mit Option nach § 13b WPO)

Universitätsstraße 1, 40225 Düsseldorf | www.fact.hhu.de

Masterstudiengang „Betriebswirtschaftslehre" mit Studienprofil FACT
finance × accounting × controlling × taxation (fact × hhu)

Von StB Prof. Dr. Guido Förster, Prof. Dr. Janine Maniora,
Prof. Dr. Barbara E. Weißenberger und Matthias B. Wesser, M. Sc.

Fünf Gründe für fact × hhu an der Heinrich-Heine-Universität Düsseldorf

fact | § 13b wpo	Profitieren Sie von der nahtlosen Integration von **fact × hhu** in den BWL-Master und verkürzen Sie Ihr WP-Examen durch die Anrechnung von Prüfungen aus dem Studium auf das Prüfungsgebiet „Angewandte BWL, VWL" nach § 13b WPO.
fact | modules	Kombinieren Sie Ihre Option gemäß § 13b WPO mit anderen Inhalten aus Finance, (Financial) Accounting, Controlling und Taxation. Sie können dafür einen zweiten Studienschwerpunkt belegen oder die Module, die Sie interessieren, nach Belieben und angestrebter beruflicher Orientierung frei kombinieren.
fact | digital & data	Seien Sie von Anfang an ganz vorne dabei und kombinieren Sie BWL-Expertise mit IT-Basics für die Prüfung und Beratung der Zukunft. Werden Sie Experte für Methoden und Anwendungsfälle von Data Science in Berufspraxis und Wissenschaft.

fact | network   Kommen Sie an eine junge Fakultät auf einem dynami-
                      schen Campus mit offenen Türen und kurzen Wegen.
                      Knüpfen Sie exzellente Kontakte auf unseren zahlrei-
                      chen Networking-Events am Wirtschaftsstandort Düs-
                      seldorf.

fact | altbier   Genießen Sie Studentenleben in R(h)einkultur! Sie er-
                      wartet die längste Theke der Welt und ein enormes
                      Freizeitangebot in einer der größen Metropolregionen
                      Europas!

Wirtschaftsprüfung & FACT-Inhalte für das digitale Zeitalter

Die Option gemäß § 13b WPO ist in den Profilbereich **fact × hhu** integriert (siehe Abbildung). Dieser richtet sich an alle Studierenden mit Interesse an Finance, Accounting, Controlling, Taxation und Wirtschaftsprüfung, die sich auch für digitale Transformation, Corporate Governance und andere gesellschaftlich relevante Themen (z. B. Nachhaltigkeit) interessieren.

fact × hhu besteht aus sechs individuell wählbaren Schwerpunkten, die sich reibungslos in den Masterstudiengang Betriebswirtschaftslehre integrieren lassen (siehe Abbildung). Ihnen bleibt dabei ausreichend Freiraum, um Ihren eigenen (fachlichen) Interessen abseits von FACT zu folgen – oder genau diese Bereiche gezielt zu vertiefen. Insbesondere im Bereich der Projekt- und Thesisarbeiten besteht die Möglichkeit, die im Rahmen der Schwerpunkte erworbenen Kenntnisse und Fähigkeiten anzuwenden oder in Kooperation mit einem Unternehmen eine Problemstellung aus der Praxis zu bearbeiten. Einen besonderen Fokus legen wir auf aktuelle Methoden aus dem Bereich Data Science, die Sie im Rahmen der Schwerpunkte kennenlernen. Somit profitieren Sie in vollem Umfang von der Verknüpfung betriebswirtschaftlicher Fragestellungen mit wissenschaftlichen Theorien und fortschrittlichen Methoden der Datenanalyse. Im Rahmen von Gastvorträgen und Exkursionen werden Themen wie der Einsatz künstlicher Intelligenz in der Industrie oder die Möglichkeiten der Echtzeit-Bereitstellung und Analyse von Geschäftsdaten mit unseren Praxispartnern vertieft.

Mehr sein als nur eine Matrikelnummer

Seit ihrer Gründung im Jahre 1990 steht die Wirtschaftswissenschaftliche Fakultät der Universität Düsseldorf für eine hervorragende und anwendungsorientierte Ausbildung in den Wirtschaftswissenschaften. Neben der hohen Qualität der Lehre bietet Düsseldorf als Campusuniversität eine attraktive Studienumgebung: kurze Wege, offene Türen, kleine Kurse mit intensiver Betreuung. Im Fokus steht Ihr Studienerfolg – auch in Zeiten digitaler Lehre. Durch den zentralen Standort im Herzen des Rheinlands bestehen zahlreiche Möglichkeiten für Auslandsaufenthalte und Praktika am Wirtschafts- und Finanzstandort Düsseldorf.

Anrechnung von Studienleistungen nach § 13b WPO

fact × hhu erleichtert Ihnen den Weg zum Wirtschaftsprüfer! Integraler Bestandteil der Option nach § 13b WPO zur Anrechnung von Studienleistungen auf das Prüfungsgebiet „ABWL, VWL" ist das Modul Accounting Advisory im Schwerpunkt Audit. Optimale Synergien ergeben sich aus der Kombination von Audit mit anderen Schwerpunkten wie Financial Accounting oder Taxation, die aber nicht zwingend zu belegen sind. Somit ist Ihnen eine flexible Ausgestaltung Ihres Studiums möglich.

Accounting Advisory besteht aus je einem Kurs im Winter- und Sommersemester, die in beliebiger Reihenfolge belegt werden können. Jeder Kurs schließt mit einer 240-minütigen Prüfung ab. Nach Abschluss des zweiten Kurses absolvieren Sie eine 30-minütige mündliche Prüfung, die die Inhalte beider Kurse umfasst. Hier stellen Sie abschließend Ihr erworbenes Wissen im Prüfungsgebiet „ABWL, VWL" unter Beweis. Bei erfolgreichem Abschluss wird Ihnen Ihr Zertifikat über die bestandene Teilleistung ausgestellt, welches Sie später bei der Anmeldung zum Wirtschaftsprüfungsexamen vorlegen können.

Für die Wahl von Accounting Advisory im Rahmen von **fact × hhu** bestehen neben der Immatrikulation in den Masterstudiengang BWL keine gesonderten Zulassungsvoraussetzungen. Es gibt keine Zulassungsklausur, wie sie an anderen Universitäten oft gefordert wird. Mit dem Abschluss des Schwerpunktes Audit erfüllen Sie alle Voraussetzungen, denn im Studienschwerpunkt sind alle Leistungen enthalten, die Sie für die Anrechnung gemäß § 13b WPO erbringen müssen. Dies umfasst neben Accounting Advisory die Module FACT Foundations und Makroökonomik. Das Modul Methoden der empirischen Wirtschaftsforschung ist das einzige Pflichtmodul im Masterstudiengang.

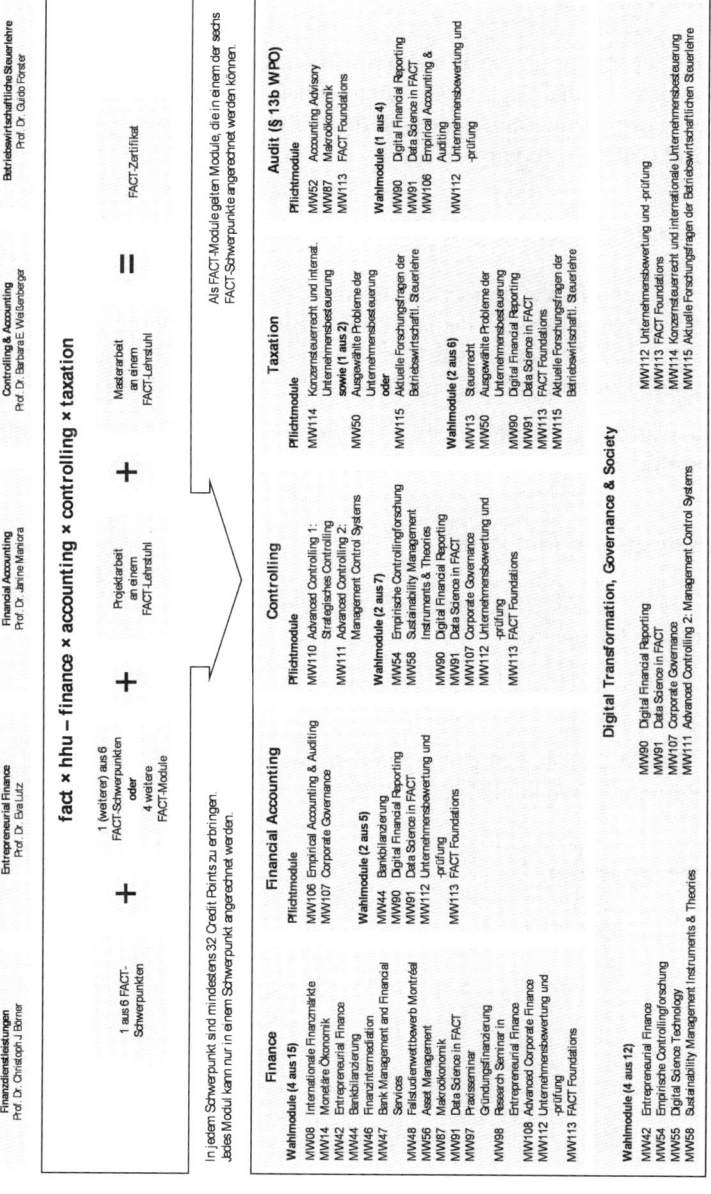

Abbildung: Aufbau und Inhalte von fact × hhu

Rechtlicher Hinweis

Die Akkreditierung durch die Wirtschaftsprüferkammer (WPK) liegt für die 1. bis 5. Kohorte (Studienbeginn bis einschließlich Wintersemester 2021/2022) vor. Weitere Fortführungsanträge durch die HHU (ab Studienbeginn Wintersemester 2022/2023) sind vorgesehen.

Abschließende Bemerkungen

Alle Informationen **fact × hhu** an der Heinrich-Heine-Universität Düsseldorf finden Sie unter www.fact.hhu.de. Für Rückfragen oder Auskünfte wenden Sie sich bitte an Matthias Wesser (s. u.). In jedem Semester wird zudem eine Informationsveranstaltung für Interessierte und Neustudierende angeboten.

Wir danken unseren Partnern – BDO, Deloitte, ETL, EY, Grant Thornton, PwC sowie Rödl & Partner – für die Unterstützung von **fact × hhu**.

Koordinatoren von fact × hhu

Lehrstuhl für BWL, insb. Betriebswirtschaftliche Steuerlehre
Prof. Dr. Guido Förster, StB

Professur für Betriebswirtschaftslehre, insb. Financial Accounting
Prof. Dr. Janine Maniora

Lehrstuhl für BWL, insb. Controlling und Accounting
Prof. Dr. Barbara E. Weißenberger

Ihr Ansprechpartner

Matthias Wesser | fact@hhu.de | +49 (0) 211 81-12357

Technische Hochschule Köln

**Masterstudiengang „Wirtschaftsprüfung, Steuern, Recht und Finanzen"
(CFO-Master), § 13b WPO (M. Sc./LL. M.)**

Von WP Prof. Dr. Sven Schäfer und Prof. Dr. Volker Mayer,
Studiengangsleiter

1. Technische Hochschule Köln, Fakultät für Wirtschafts- und Rechtswissenschaften

Die Technische Hochschule Köln – kurz TH Köln – versteht sich als University of Technology, Arts, Sciences. Sie zählt mit ihren 27.000 eingeschriebenen Studierenden an fünf Standorten mit zwölf Fakultäten zu den innovativen und forschungsstarken Hochschulen und ist in Lehre und Forschung international vernetzt.

An der Fakultät für Wirtschafts- und Rechtswissenschaften, die den CFO-Masterstudiengang anbietet, lehren 70 Professorinnen und Professoren. Sie hat über 3.000 Studierende und befindet sich in der Kölner Südstadt.

2. Der CFO-Masterstudiengang

2.1 Überblick

- Studienanfängerzahl pro Semester: 25
- Start: nur Wintersemester (WS)
- Bewerbungsfrist: siehe Homepage (wechselnd, meist Termin im Juni)
- Studiendauer: 4 Semester
- Abschlussgrad: M. Sc./LL. M.

2.2 Berufsperspektiven

Der CFO-Master fokussiert ein deutlich breiteres Spektrum beruflicher Perspektiven als viele vergleichbare Studiengänge.

In vier Semestern werden Studierende intensiv auf Tätigkeiten in den Bereichen „Steuern", „Wirtschaftsprüfung", „Externes Rechnungswesen", „Controlling", „Investition und Finanzierung" sowie „Wirtschaftsrecht" vorbereitet. Der Master qualifiziert sie damit für verantwortliche Tätigkeiten und Führungspositionen in Unternehmen in den **Abteilungen Rechnungswesen, Controlling, Mergers & Acquisitions, Finanzen und Steuern**, also der ganzen Breite des Aufgabenbereichs eines Chief Financial Officers (CFO), daher auch die interne Namensgebung. Sie sind ebenso in der Lage, juristische Schnittstellen zu bedienen und kompetent in und mit der **Rechtsabteilung** zu arbeiten.

Die Studierenden erwerben außerdem die Kenntnisse und Fähigkeiten, die dem **Berufsprofil eines Wirtschaftsprüfers** entsprechen. Damit steht ihnen der Einstieg in die **Steuerberatung** und **Wirtschaftsprüfung, Unternehmens- und Sanierungsberatung** sowie **Insolvenzverwaltung** offen. Wir bereiten sie hierzu gezielt auf die Steuerberater- und Wirtschaftsprüferexamina vor (Näheres unter 2.4).

2.3 Konzeption und Studieninhalte

Der Masterstudiengang vertieft und erweitert ein wirtschaftswissenschaftliches, juristisches oder wirtschaftsjuristisches Erststudium (Staatsexamen, Bachelor oder Diplom), insbesondere in den Schwerpunkten Steuern, Prüfungswesen, externes Rechnungswesen, Controlling und Recht. Forschungsorientiert und dennoch praxisnah unterrichtet der Studiengang zudem hohe Kompetenzen in Corporate Finance, der Investitionsrechnung, der Unternehmensbewertung und im Risikomanagement.

Durch eine entsprechende Themenstellung in der Masterthesis können die Studierenden zwischen den Abschlussgraden M. Sc. oder LL. M. wählen.

2.4 Anrechnung von Studienleistungen nach § 13b WPO

Neben den wählbaren akademischen Abschlussgraden des M. Sc. und LL. M. bietet der Masterstudiengang parallel die Möglichkeit, später das Wirtschaftsprüfungs-Examen nach § 13b WPO verkürzt abzulegen. Durch Anrechnung von Prüfungsleistungen (reguläre Modulprüfungen im Studiengang) in den Prüfungsgebieten „Angewandte Betriebswirtschaftslehre/Volkswirtschaftslehre" und/oder „Wirtschaftsrecht" sowie zwei bzw. drei ergänzende, außercurriculare Prüfungen werden „automatisch" drei von sieben Klausuren bzw. zwei von vier Prüfungsgebieten des Wirtschaftsprüfungs-Examens in das Studium vorverlagert. Die Anrechnungsmöglichkeit der Studienleistungen im Wirtschaftsprüfungs-Examen wurde bislang für beide Bereiche für alle Jahrgänge durch die Wirtschaftsprüferkammer bestätigt.

2.5 Curriculum

Entsprechend der Prüfungsgebiete im Wirtschaftsprüfungs-Examen unterteilt sich das Curriculum von insgesamt 120 ECTS in die Bereiche Steuern (18 ECTS), Prüfungswesen (21 ECTS), BWL/VWL (33 ECTS) und Recht (30 ECTS). Die Masterthesis beläuft sich auf 18 ECTS. Die genauen Studieninhalte sowie der Studienverlaufsplan finden sich unter dem folgendem Link. https://www.th-koeln.de/studium/wirtschaftspruefung-steuern-recht-und-finanzen-master--studieninhalte_5621.php

2.6 Zulassungsbedingungen und Bewerbungsunterlagen

Zugelassen werden kann, wer einen wirtschaftswissenschaftlichen, juristischen oder wirtschaftsrechtlichen Hochschulabschluss (Bachelor mit mind. 180 ECTS) mit der Mindestnote 2,3 erworben hat. Die Bewerbung erfolgt ggf. mit einem aktuellen Zwischenzeugnis. Absolventinnen und Absolventen anderer Studiengänge können beim Nachweis der Einschlägigkeit der Studieninhalte in den rechtswissenschaftlichen und betriebswirtschaftlichen Fächern ebenfalls zum Studium zugelassen werden.

Für die Reihenfolge der Zulassung wird ein Ranking der Studienbewerber erstellt, das aus der Gesamtnote des Erstabschlusses und der Bewertung sonstiger Fähigkeiten und Kenntnisse erstellt wird. Dazu müssen in einer Anlage zur Bewerbung fachlich einschlägige Auslandsaufenthalte, einschlägige Praxiserfahrungen, namhafte Auszeichnungen, Preise und Stipendien sowie studienbegleitendes Engagement, Tätigkeiten als Tutor/-in, studentische Hilfskraft oder Ähnliches nachgewiesen werden. Das Bewerbungsportal hält hierzu ein Formular bereit.

3. Kooperationen

Im Studiengang arbeiten wir mit zahlreichen Steuerberatungs-, Wirtschaftsprüfungs- und Rechtsanwaltsgesellschaften zusammen. Sie führen Lehraufträge durch, unterstützen die Bearbeitung von Fallstudien, stellen Praktikumsplätze bereit oder betreuen kooperativ Masterarbeiten.

Daneben besteht an der Fakultät ein International Board of Advisors (IBoA), welches sich aus renommierten Persönlichkeiten führender internationaler Unternehmen verschiedenster Branchen und Hochschulen des In- und Auslands (u.a. USA, Japan, China, Russland) zusammensetzt.

4. Kontakt

Bewerbung und Information
Technische Hochschule Köln
Studienbüro GWZ

Besucheranschrift: **Postanschrift:**
Claudiusstr. 1   Gustav-Heinemann-Ufer 54
50678 Köln   50968 Köln

Weitere Informationen und das Bewerbungsportal online:
http://th-koeln.de/studium/bewerbung-und-zulassung_205.php
http://th-koeln.de/studium/wirtschaftspruefung-steuern-recht-und-finanzen-master_4222.php

Studiengangsleiter   **Studiengangsbetreuung**
WP Prof. Dr. rer. pol. Sven Schäfer
Prof. Dr. iur. Volker Mayer   Telefon: +49 221 8275-3913
E-Mail: cfo-master@f04.th-koeln.de   E-Mail: cfo-master@f04.th-koeln.de

Duale Hochschule Baden-Württemberg – Center for Advanced Studies (DHBW CAS)

**Master „Steuern, Rechnungslegung und Prüfungswesen"
(§ 13b WPO)**

Herdweg 21, 70174 Stuttgart

Berufsintegriertes Studium – ein Vorteil des dualen Konzepts

Von StB Prof. Dr. Gerald Merkl und StB/WP Prof. Dr. Jan Breitweg, Wissenschaftliche Leitung des Masterstudienganges „Steuern, Rechnungslegung und Prüfungswesen" an der Dualen Hochschule Baden-Württemberg

Porträt des CAS und der DHBW

Das Center for Advanced Studies (CAS) ist eine auf Masterprogramme und Weiterbildungsangebote spezialisierte Institution der Dualen Hochschule Baden-Württemberg (DHBW). Die DHBW ist die erste duale, praxisintegrierende Hochschule in Deutschland. Gegründet am 1. März 2009 führt sie das seit 40 Jahren erfolgreiche duale Prinzip der früheren Berufsakademie Baden-Württemberg fort.

An ihren neun Standorten und drei Campus bietet die DHBW in Kooperation mit rund 10.000 ausgewählten Unternehmen eine Vielzahl von national und international akkreditierten Bachelor- und Master-Studiengängen in den Bereichen „Wirtschaft", „Technik" und „Sozialwesen" an. Mit derzeit über 34.000 Studierenden und über 141.000 Alumni ist die DHBW die größte Hochschule in Baden-Württemberg.

Studieren ohne Karriereknick

Zentrales Merkmal der DHBW ist das Studium parallel zur beruflichen Tätigkeit sowie die enge Kooperation zwischen der Hochschule und ihren „Dualen Partnern". Eine akademische Weiterqualifizierung „on the Job", finanzielle Unabhängigkeit und ein berufsbegleitendes Masterprogramm: Genau das zeichnet die dualen, berufsintegrierenden Masterstudiengänge am Center for Advanced Studies (CAS) aus.

Im Studium wechseln sich die Präsenzphasen mit begleitetem Selbststudium ab. Die Präsenztage haben einen wichtigen Stellenwert: Sie ermöglichen den persönlichen Kontakt zu den Lehrenden und fördern den Austausch der Studierenden untereinander, die von anderen beruflichen Herausforderungen, Rahmenbedingungen, Prozessen und Strukturen berichten.

Master of Arts „Steuern, Rechnungslegung und Prüfungswesen" (M. A.) Konzeption und Zielsetzung

Das berufsintegrierende Konzept verknüpft theoretische Inhalte unmittelbar mit den praktischen Herausforderungen Ihres Berufsalltags. Fallgestaltungen und Problemstellungen Ihrer beruflichen Tätigkeit werden im Rahmen von Vorlesungen und wissenschaftlichen Arbeiten thematisiert und unter Anwendung wissenschaftlicher Theorien und Modelle gelöst. Zudem ist die berufliche Tätigkeit im Bereich der Steuerberatung/Wirtschaftsprüfung eine wichtige Voraussetzung für die Ablegung der Berufsexamina.

Die Konzeption des Studiums ermöglicht außergewöhnlich kurze Studienzeiten. Die Regelstudienzeit beträgt 2 Jahre, kann aber – entsprechend der persönlichen Rahmenbedingungen – bis auf 4 Jahre ausgeweitet werden. Das Studium umfasst 120 ECTS-Punkte.

Mit dem Abschluss des Masters

- sind Sie optimal vorbereitet auf die unmittelbar im Anschluss abzulegende Steuerberaterprüfung.

- sind Sie berechtigt zur Bewerbung für ein Promotionsvorhaben, da Sie nach dem Master 300 ECTS-Punkte erworben haben.

- können Sie das Wirtschaftsprüferexamen in verkürzter Form ablegen: Die Prüfungsgebiete „ABWL/VWL" und „Wirtschaftsrecht" können gemäß § 13b WPO angerechnet werden.

Bei der Auswahl von Dozenten legen wir besonders hohe Maßstäbe an. Neben ausgewiesenen Experten aus der Wissenschaft unterrichten besonders qualifizierte Praktiker, wodurch die Verknüpfung von Theorie und Praxis unterstützt wird. Durch kleine Studiengruppen ist eine individuelle Betreuung der Studierenden sichergestellt. Die enge Zusammenarbeit mit der Steuerberaterkammer Stuttgart sichert eine optimale Vorbereitung auf das direkt im Anschluss an das Studium zu absolvierende Steuerberater-Examen: Die Masterabsolventen/-innen haben das Berufsexamen in den letzten Jahren regelmäßig mit weit überdurchschnittlichen Ergebnissen bestanden.

Zulassungsvoraussetzungen

- ein mindestens sechssemestriges Hochschulstudium mit wirtschaftswissenschaftlichem/rechtswissenschaftlichem Schwerpunkt mit mindestens 180 ECTS-Punkten,
- das Bestehen der Zugangsprüfung,
- eine mindestens einjährige Berufserfahrung nach dem ersten Hochschulstudium,
- eine aktuelle und adäquate berufliche Tätigkeit. Das Arbeitsverhältnis der Studierenden muss mit einer Tätigkeit verbunden sein, die erwarten lässt, dass der Teilnehmer in seiner betrieblichen Verantwortung die Möglichkeit hat, die im Masterstudiengang erworbenen Kenntnisse in der Praxis zu erweitern, zu vertiefen und zu ergänzen. Die berufspraktischen Voraussetzungen für die Zulassung zur Steuerberaterprüfung nach § 36 StBerG sollten hierbei erfüllt werden,
- die Vorlage einer verbindlichen Vereinbarung zwischen Unternehmen und Studierenden, in der die Arbeitszeit auf max. 22 Stunden/Woche durchschnittlich begrenzt ist.

Die Zugangsprüfung findet in der Regel einmal jährlich im Sommer statt und besteht aus 2 jeweils dreistündigen Klausuren. Gegenstände der Zugangsprüfung sind die Gebiete „Prüfungswesen", „Steuerlehre", „Angewandte Betriebswirtschaftslehre und Volkswirtschaftslehre" sowie „Wirtschaftsprivatrecht".

Studiengebühren

Die Studiengebühren betragen 22.200 € inkl. Vorlesungsunterlagen und Prüfungsgebühren sowie Teilnahme an den Klausurenkursen der Steuerberaterkammer Stuttgart. Sie sind zahlbar in Raten; zusätzlich fällt eine Gebühr für die Zugangsprüfung und die Immatrikulation an.

Im Vergleich zu einem Vollzeit-Masterstudium (mit Verdienstausfall) und unter Berücksichtigung, dass die Kosten für die Vorbereitung auf die Steuerberaterprüfung und Teile der Wirtschaftsprüferprüfung nicht noch zusätzlich bezahlt werden müssen, ist das von der DHBW angebotene Studienmodell jedoch noch immer eine kostengünstige Alternative.

Studienorganisation/Workload

Der Master ist berufsbegleitend mit einer Regeldauer von vier Semestern konzipiert. Mit einem Workload von insgesamt 3.600 Stunden werden bei erfolgreichem Abschluss 120 Kreditpunkte nach ECTS erworben.

Die durchschnittliche Arbeitsbelastung/Workload beträgt ca. 900 Stunden pro Semester. Im dritten bzw. vierten Fachsemester ist hierbei die Masterthesis mit 540 Stunden eingeplant.

Präsenzzeiten

Das berufsbegleitende Studienkonzept nimmt Rücksicht auf die berufliche Tätigkeit der Studierenden. Die Präsenzvorlesungen finden überwiegend an Wochenenden (Freitag, Samstag) statt. Außerdem gibt es während des Studiums einige Blockseminare (jeweils von Donnerstag bis Samstag). Auf besondere berufliche Belastungszeiten im Jahr wird bei der Studienplanung Rücksicht genommen. Vorlesungsorte sind standortübergreifend das CAS Heilbronn und die DHBW Stuttgart.

Bei der Konzeption des Zeitplans wurde darauf geachtet, dass die berufspraktischen Zeiten nach § 36 StBerG erfüllt werden können.

Kontakt und weitere Informationen

Rückfragen richten Sie bitte an Prof. Dr. Gerald Merkl,
(srp.master@cas.dhbw.de)
und besuchen Sie unsere Homepage: http://www.cas.dhbw.de/steuern/

Universität Siegen

Wir Wirtschaftswissenschaften
Wirtschaftsinformatik
Wirtschaftsrecht

M.Sc. Accounting, Auditing and Taxation

Masterarbeit Accounting, Auditing and Taxation
18 LP

Pflichtbereich Accounting & Auditing

Strategisches Controlling — 9 LP
- Kosten- und Beteiligungscontrolling — 2 SWS
- Strategisches Controlling (Übung) — 2 SWS

Advanced Accounting — 9 LP
- Advanced IFRS-Accounting — 2 SWS
- Financial Statement Analysis — 2 SWS
- Earnings Management — 2 SWS

Auditing — 9 LP
- Rechnungslegung in besonderen Fällen — 2 SWS
- Assurance Services & Fraud Investigations — 2 SWS
- Turnaround Management — 2 SWS

Seminar Accounting, Auditing, Governance — 6 LP
- Seminar — 2 SWS
- Kolloquium — 2 SWS

Wahlpflichtbereich (exemplarisch)

Treasurymanagement — 9 LP
- Corporate Finance — 2 SWS
- Risikomanagement in Unternehmen — 2 SWS
- Treasurymanagement (Übung) — 2 SWS

Verfahrensrecht, Umsatzsteuer und Erbschaftsteuer — 9 LP
- Abgabenordnung und Finanzgerichtsordnung — 2 SWS - Tigges
- Umsatzsteuer — 2 SWS - Fleckenstein
- Erbschaftsteuer — 2 SWS - Heurung

Corporate Governance, Valuation & Transaction — 9 LP
- Corporate Governance — 2 SWS
- Valuation — 2 SWS
- Mergers & Acquisitions — 2 SWS

International Economics — 9 LP
- International Economics — 4 SWS

Pflichtbereich Recht

Gesellschafts- und Handelsrecht — 9 LP
- Gesellschaftsrecht mit Grundzügen des Handelsrechts — 3 SWS
- Gesellschaftsrecht II — 2 SWS

Pflichtbereich Taxation

Betriebswirtschaftliche Steuerlehre — 9 LP
- St. und laufende Unternehmenspolitik — 2 SWS
- St. und konstitutive Unternehmenspolitik — 2 SWS
- St-Belastung komplexer Organisationsformen — 2 SWS

Internationale Besteuerung und Umwandlungsrecht — 9 LP
- Internationale Besteuerung — 2 SWS
- Umwandlungssteuerrecht — 2 SWS
- Internationale Steuerplanung — 2 SWS

Seminar Taxation — 6 LP
- Seminar — 2 SWS
- Kolloquium — 2 SWS

Kontakt:
WP-Examen@uni-siegen.de

Homepage:
https://www.wiwi.uni-siegen.de/governance/aat/?lang=de

Universität Siegen

Masterstudiengang „Accounting, Auditing and Taxation, M. Sc." (AAT)

Von Prof. Dr. Andreas Dutzi – Professur für BWL, insbesondere Rechnungslegung und Corporate Governance – Studiengangverantwortlicher, Andreas Buhrandt, M.Sc. – Geschäftsführer Siegener Institut für Unternehmensbesteuerung, Wirtschaftsprüfung, Rechnungslegung und Wirtschaftsrecht (SUWI) und Oliver Schneider, M. Sc. – Studiengangkoordinator

Studienstandort Siegen

Die Universitätsstadt Siegen liegt nordwestlich des Dreiländerecks Nordrhein-Westfalen – Hessen – Rheinland-Pfalz und zählt ca. 100.000 Einwohner. Das Stadtgebiet gliedert sich in 23 Stadtteile, die gut über die öffentlichen Verkehrsmittel an den Stadtkern angebunden sind. Laut Auswertung von Sattelitenbildern durch die Berliner Morgenpost ist Siegen sogar die grünste Großstadt Deutschlands.[1]

Die Universität Siegen ist mit ihrer Gründung im Jahre 1972 eine junge, mittelgroße Forschungsuniversität mit ca. 19.000 Studierenden. Wird diese Studierendenzahl ins Verhältnis zur Einwohnerzahl gesetzt, wird deutlich, dass es deutschlandweit wohl nur wenige Städte mit einem ähnlich hohen Studierendenanteil gibt. Insbesondere durch die jüngst erfolgte Verlagerung der studierendenstarken Fakultäten vom Haardter Berg in die Innenstadt zeichnet sich Siegen als junge und aufstrebende Universitätsstadt aus, deren Stadtbild durch die Universität maßgeblich geprägt wird.[2]

Übergeordnetes Ziel der Universität Siegen ist es, zu einer menschenwürdigen Zukunft beizutragen und Verantwortung für Mensch und Gesellschaft zu übernehmen. Dies drückt sich in der Leitidee der Universität Siegen aus: Zu-

---

[1] https://interaktiv.morgenpost.de/gruenste-staedte-deutschlands/.

[2] https://www.siegen.de/leben-in-siegen/bauen-und-wohnen/uni-kommt-in-die-stadt-siegen-wissen-verbindet/.

kunft menschlich gestalten.[3] Im Lichte der aktuellen Bilanzskandale und steuerrechtlichen Aktionspläne (z. B. Wirecard; Greensill Bank AG; ATAD; BEPS) trägt der Masterstudiengang AAT durch die fundierte Ausbildung angehender Berufsträger*innen zu diesem übergeordneten Ziel bei. Die Fakultät III – Wirtschaftswissenschaften, Wirtschaftsinformatik, Wirtschaftsrecht unterstützt den Studiengang diesbezüglich im Rahmen eines interdisziplinären Ansatzes, sodass neben der fachwissenschaftlichen Ausrichtung in den prägenden Fächern des Masterstudiengangs auch vielfältige Vertiefungen möglich sind.

Campus Unteres Schloss (US)

Dreh- und Angelpunkt des Masterstudiengangs ist der im Jahr 2016 bezogene Campus Unteres Schloss. Die Geschichte des Schlosses selbst geht bis in das 15. Jahrhundert zurück und weist im Zeitverlauf zahlreiche höchst unterschiedliche Nutzungen (u. a. Königliche Bergschule Siegen, Amt-, Land- und Arbeitsgericht sowie Justiz- und Vollzugsanstalt) auf, die den Campus nicht nur aus bautechnischer Sicht einzigartig machen. Das Untere Schloss, das Hörsaalzentrum, das Ludwig-Wittgenstein-Haus, die Bibliothek und die neue Mensa befinden sich direkt nebeneinander gelegen im Herzen der Innenstadt. Das Hörsaalzentrum und die Mensa wurden im Jahr 2020 fertiggestellt und bieten neben modernster Technik ein besonders einladendes Ambiente. Vor Beginn der zahlreichen Neubaumaßnahmen zählte die Mensa der Universität Siegen zu den besten Mensen Deutschlands.[4]

Der Campus ist vom Siegener Hauptbahnhof aus fußläufig in wenigen Minuten erreichbar. Zudem führen zahlreiche Busverbindungen aus der gesamten Stadt zum Campus. Neben der direkten Lage in der Innenstadt bietet der Campus mit dem Museum für Gegenwartskunst[5] und den regelmäßig stattfindenden Veranstaltungen der Reihe mittwochSIn[6] auch kulturell vielfältige Momente. Die Übertragung von sportlichen Großveranstaltungen und der

---

3 https://www.uni-siegen.de/start/die_universitaet/ueber_uns/aufeinenblick/?lang=de.

4 https://www.derwesten.de/politik/schule-und-campus/zentralmensa-in-siegen-ist-drittbeste-deutsche-mensa-id729106.html.

5 https://www.mgksiegen.de/de/.

6 https://www.mittwochsin.de/.

alljährliche Siegener-Weihnachtsmarkt haben zudem eine Heimat auf dem Schlossplatz.

Grundsätzliche Informationen zum Studiengang

Im Masterstudiengang ACCOUNTING, AUDITING AND TAXATION ist das zentrale Ziel die Ausbildung von künftigen Wirtschaftsprüfern*innen und Steuerberatern*innen sowie vergleichbaren Berufsgruppen (Interne Revision, Controlling oder Unternehmensberatung). Es handelt sich um einen konsekutiven Masterstudiengang mit 120 Leistungspunkten (LP), dessen Regelstudienzeit im Vollzeitstudium 4 Semester beträgt. Bei berufstätigen Studierenden verlängert sich die Studienzeit regelmäßig um 1–2 Semester. Der Beginn des Studiums ist sowohl im Winter- als auch im Sommersemester möglich. Eine gesonderte Berufspraxisphase wird für die Zulassung zum Studium nicht gefordert. Hingegen kann die für die Berufsexamina notwendige Berufserfahrung in enger Abstimmung mit dem Arbeitgeber bereits neben dem Studium gesammelt werden (Studiums-Praxis-Verzahnung). Es gelten laut § 4 FPO-M AAT die folgenden Zugangsvoraussetzungen zum Studium:

- Bachelorabschluss in Betriebswirtschaftslehre oder vergleichbarer Abschluss mit einem wirtschaftswissenschaftlichen Anteil von mindestens 90 Leistungspunkten;
- Mindestnote des Abschlusses: gut (2,5);
- mindestens 8 Leistungspunkte aus dem Gebiet der Rechtswissenschaft in deutscher Sprache; sowie
- Kenntnisse der englischen Sprache auf dem Niveau B2.

Sind die Voraussetzungen gemäß Punkt 1 und/oder Punkt 2 nicht unmittelbar erfüllt, kann in einem individuellen Eignungsgespräch die Eignung für den Zugang zum Masterstudiengang festgestellt werden, das jeweils semesterweise angeboten wird.[7] Bachelorstudiengänge der Betriebswirtschaftslehre, Volkswirtschaftslehre und des Wirtschaftsrechts ermöglichen regelmäßig den Zugang zum Studium. Für Studierende besteht ferner die Möglichkeit eines Auslandssemesters, das durch diverse Programme vonseiten der Universität gefördert wird. Neben dem regulären Semesterbeitrag von derzeit 276,80 EUR je

---

[7] Vgl. https://pafak3.wiwi.uni-siegen.de/info/studieninteressierte/masterstudium/zugangsvoraussetzungen/.

Semester (inkl. NRW-Ticket) fallen keine weiteren Gebühren für Studierende des Masterstudiengangs an. Dies schließt auch jene Gebühren mit ein, die infolge der Programmakkreditierung durch die Wirtschaftsprüferkammer erhoben werden.

Inhalte des Studiums

Einen Überblick über die Konzeption und die Inhalte des Masterstudiengangs bietet das sog. House of AAT. Neben den beiden aufragenden Säulen „Accounting & Auditing" und „Taxation" ist als ergänzendes Pflichtmodul Gesellschafts- und Handelsrecht zu absolvieren. Diese Pflichtmodule und einige der Wahlpflichtmodule erfordern neben der Abschlussklausur die Mitarbeit in gesonderten Projekten. Im Rahmen dieser Projekte werden neben der Anwendung wissenschaftlicher Methoden auch zahlreiche soziale Kompetenzen gefördert, weshalb diese Projekte stets als Teamarbeit stattfinden. Darüber hinaus wird mit den Projekten auch ein hoher Praxisbezug gewährleistet. Bei den Projekten handelt es sich regelmäßig um reale Fälle, die zusammen mit Lehrbeauftragten konzipiert werden.

Der Masterstudiengang zeichnet sich durch einen sehr großen Wahlpflichtbereich aus. Es können insgesamt fünf Module (45 LP) aus einem umfangreichen Katalog von derzeit 19 Modulen frei gewählt werden. Zusätzlich gibt es auch im Bereich der Pflichtseminare in jedem Semester mehrere Angebote (12 LP). Darüber hinaus können selbstverständlich weitere Module als Zusatzleistungen absolviert werden. Dies erlaubt während des Studiums sich entsprechend der beruflichen Interessen zu spezialisieren. Die folgenden Themengebiete sind als Schwerpunkte im Wahlpflichtbereich enthalten: Accounting, Business Analytics, Controlling, Finanzierung, Unternehmensbesteuerung, Volkswirtschaftslehre, Risk Governance, Risikomanagement und Wirtschaftsrecht.

Diese Konzeption des Masterstudiengangs erlaubt auch eine deutliche Vertiefung in einem Fachgebiet und somit eine hohe Spezialisierung. So kann bspw. der gesamte Wahlpflichtbereich mit Modulen aus dem Gebiet Unternehmensbesteuerung gefüllt werden (78/120 LP). Hierzu empfiehlt sich die Belegung der Module „Tax Compliance & Finanzrechtsprechung" sowie das Modul „Verfahrensrecht, Umsatzsteuer & Erbschaftsteuer", um eine möglichst gute Vorbereitung für die Themengebiete des Steuerberaterexamens zu erhalten. In gleicher Weise bietet das Modul „Konzernrecht, Umwandlungsrecht & Insolvenzrecht" in Kombination mit dem verpflichtend zu belegenden Modul

„Gesellschafts- und Handelsrecht" eine solide Grundlage für das WP-Examen und den Berufsalltag in diesem Bereich.

Daneben stehen weitere Wahlpflichtmodule, welche im Rahmen von Forschungsprojekten auf eine spätere Promotion vorbereiten sollen, oder das Modul der speziellen Aspekte, welches hochaktuelle Themenkomplexe, wie z. B. die Nachhaltigkeit, die Digitalisierung oder die Wirtschaftspsychologie aufgreift. Die hohe Flexibilität des Masterstudiengangs spiegelt sich zudem in der Möglichkeit wider, dass eine getroffene Modulwahl im Nachhinein noch abgeändert werden kann. In das semesteraktuelle Modulhandbuch mit allen Auswahlmöglichkeiten kann digital über das Campusmanagementsystem Unisono jederzeit Einsicht genommen werden.

WPK-Akkreditierung

Mit Bescheid vom 17. Mai 2021 wurde der Masterstudiengang AAT von der WPK nach § 8 WPAnrV rückwirkend bis zum Sommersemester 2016 als gleichwertig anerkannt. Studierenden ist es bei entsprechender Modulbelegung möglich, sich die von ihnen im Rahmen des Studiums erbrachten Prüfungsleistungen für das Gebiet „Angewandte BWL/VWL" des WP-Examens anrechnen zu lassen. Hierzu sind die folgenden Module zu belegen:

- Advanced Accounting,
- Corporate Governance, Valuation & Transaction,
- International Economics,
- Strategisches Controlling und
- Treasurymanagement.

Unter den genannten Modulen stellt lediglich Advanced Accounting ein Pflichtmodul dar, um den Studiengang und die inhaltliche Ausgestaltung möglichst flexibel zu halten. Wird eine Anrechnung von Prüfungsleistungen für das WP-Examen angestrebt, sind indes vier der fünf Wahlpflichtmodule des Masterstudiengangs wie dargestellt zu belegen. Alternativ besteht auch die Möglichkeit, ein oder mehrere Module als Zusatzleistung zu erbringen, was gerade bei einer angestrebten Doppelqualifikation (StB und WP) überlegenswert sein dürfte. Für die Anrechnung nach § 13 WPO ist ferner einmalig im Verlauf des Studiums eine Einstufungsprüfung und eine mündliche Zusatzprüfung erfolgreich abzulegen. Beide Prüfungen werden mindestens einmal je

Semester angeboten. Um die Gleichwertigkeit dieser Leistungen sicherzustellen, wurde mit dem WPK-Ausschuss ein gesondertes Qualitätssicherungsinstrument in der Universität Siegen implementiert, welches in enger Abstimmung mit der WPK steht. Dieser überprüft semesterweise ex ante die Gleichwertigkeit der qualitätsgesicherten Prüfungen entsprechend der formalen Vorgaben des Verfahrens.

Studierendenstimmen

„Der Master AAT überzeugt mich besonders durch die thematische Vielfalt im Wahlpflichtbereich. So kann man sich entsprechend der eigenen Interessen breit aufstellen oder gezielt auf bestimmte Themen fokussieren." – Anne

„Der Master AAT an der Uni Siegen hat es mir durch die Vielzahl an Wahlpflichtfächern ermöglicht, den Schwerpunkt zu setzen, den ich möchte. So war es mir während des Studiums möglich, mein Profil auf meinen Berufswunsch Unternehmensberatung hin auszurichten. Ich kann das AAT Studium vollumfänglich weiterempfehlen." – Carsten

„Der Masterstudiengang „Accounting, Auditing & Taxation" an der Universität Siegen hat mir dabei geholfen, meinen Traumjob im Bereich der Steuerberatung zu erreichen. Durch interdisziplinäre Fallstudien und Gruppenarbeiten ist man ausgezeichnet auf die herausfordernde Tätigkeit in der Steuerberatung vorbereitet. Diese werden durch Dozierende aus der Praxis auch sehr nah an der Realität gestaltet." – Carlos

„Der Masterstudiengang AAT zeichnet sich durch seine hochwertige akademische Qualität und die starken Berührungspunkte zu den Praxisfeldern aus. Ich habe stets von einer steilen Lernkurve profitiert, weshalb ich mich bestmöglich auf die wachsenden Herausforderungen der Berufswelt vorbereitet sehe." – Iryna

Zusammenfassung

Die Ausrichtung des Masterstudiengangs AAT an der Universität Siegen ist so angelegt, dass die Studierenden im Rahmen ihrer Ausbildung die wechselseitigen Abhängigkeiten von allgemeinen betriebswirtschaftlichen Entscheidungen und abbildungsbezogenen Sachverhaltsgestaltungen vermittelt bekommen. Dabei soll neben der fachlichen Schulung eine persönliche Ausbildung der Studierenden erfolgen, sodass diese zur wissenschaftlichen Reflexion, zur Anwendung wissenschaftlicher Erkenntnisse und Methoden und zu verantwortlichem Handeln in den entsprechenden Berufsfeldern befähigt werden. Der Masterstudiengang wird dabei von zahlreichen Institutionen (z. B. das Forschungsinstitut SUWI und der Alumniverein Siegener Forum für Rechnungslegung, Prüfungswesen und Steuerlehre e. V.), Unternehmen (Freunde und Förderer) und Personen unterstützt. Hierzu zählen neben Vertreter*innen der Big4- und Next 10-Gesellschaften zudem ausgewiesene Expert*innen aus der Region und der Judikative. Der Masterstudiengang bietet eine universitäre Ausbildung, welche die Vorteile von Wissenschaft und Praxis geschickt kombiniert und ein hohes Maß an individuellen Ausgestaltungsmöglichkeiten bietet.

Selbstverständlich stehen wir bei Fragen zum Studium an der Universität Siegen auch digital im Rahmen unserer regelmäßigen offenen Sprechstunden und unter der E-Mail-Adresse WP-Examen@uni-siegen.de zur Verfügung. Unsere Kontaktdaten und weitere Informationen zum Studiengang können unserer Homepage[8] entnommen werden.

Prof. Dr. Andreas Dutzi   Andreas Buhrandt, M. Sc.   Oliver Schneider, M. Sc.

---

8 https://www.wiwi.uni-siegen.de/governance/aat/?lang=de.

Universität Ulm

Bachelor of Science (B. Sc.) (§ 13b WPO)

Universität Ulm, 89081 Ulm

**Bachelorstudiengang „Wirtschaftswissenschaften"
nach § 13b WPO**

Von Professor Dr. Kai-Uwe Marten

1. Einleitung

Der Ausbildungsweg zum Beruf der Wirtschaftsprüfer:innen wurde im Zuge des Wirtschaftsprüfungsexamens-Reformgesetzes (WPRefG) vom 1. Januar 2004 reformiert. Durch die Aufnahme der §§ 8a und 13b in die WPO wurden neue Zugangswege zum Beruf der Wirtschaftsprüfer:innen eingerichtet, um unter anderem den im internationalen Vergleich verhältnismäßig langen Weg zum Berufsexamen zu verkürzen und die Attraktivität des Berufs für qualifizierte Nachwuchskräfte langfristig zu steigern.

Die Universität Ulm bietet mit der hervorragenden Zusatzqualifikation des sogenannten 13b-Bachelors für Studierende die Möglichkeit, bereits Leistungen aus dem Bachelorstudium auf das Wirtschaftsprüfungsexamen anzurechnen. Die Bachelorstudierenden richten somit ihr Studium bereits frühzeitig auf die Qualifizierung für den Beruf der Wirtschaftsprüfer:innen aus und haben dann später die Möglichkeit, das Wirtschaftsprüfungsexamen in verkürzter Form abzulegen.

2. 13b-Bachelor

2.1 Zur Universität Ulm

Die verkehrsgünstig zwischen den Großstädten Stuttgart und München liegende Universität Ulm wurde im Jahr 1967 als Medizinisch-naturwissenschaftliche Hochschule gegründet. Im Laufe der Jahre kamen die Fakultäten für „Ingenieurwissenschaften, Informatik und Psychologie" sowie „Mathematik und Wirtschaftswissenschaften" hinzu. An den vier Fakultäten sind heute insgesamt mehr als 10.500 Studierende immatrikuliert.

Die Universität Ulm zeichnet sich insbesondere durch interdisziplinär ausgestaltete Studienkonzepte, eine intensive Betreuung der Studierenden sowie ein hohes Engagement des gesamten Lehrkörpers aus. Neben der Lehre auf höchstem Niveau steht die Förderung zukunftsorientierter und innovativer Forschungsprojekte im Fokus der Universität Ulm. Außerdem wird den Studierenden durch attraktive Austauschprogramme und englischsprachige Masterstudiengänge eine internationale Ausrichtung ermöglicht.

Neben der fachlichen und überfachlichen Ausbildung für eine erfolgreiche Karriere erwartet die Studierenden in Ulm ein hoher Wohlfühlfaktor. In regionaler Nähe locken die Schwäbische Alb, das Allgäu und der Bodensee; die Lebenshaltungskosten sind bei einer hohen Lebensqualität vergleichsweise niedrig.

2.2 Konzept und Studienverlauf des 13b-Bachelors

Die Möglichkeit zur Erbringung von Studienleistungen für das Wirtschaftsprüfungsexamen besteht an der Universität Ulm im Rahmen des regulären Bachelorstudiengangs „Wirtschaftswissenschaften". Demnach hat auch für das 13b-Studienprogramm eine Immatrikulation für den Bachelorstudiengang „Wirtschaftswissenschaften" zu erfolgen. Die interessierten Studierenden entscheiden sich am Ende des dritten Fachsemesters unverbindlich, ihr Studium nach den Vorgaben des 13b-Programms weiterzuführen. Im Rahmen der Zusatzqualifikation wird den Studierenden hierbei eine intensive Betreuung angeboten. Außerdem haben die Studierenden jederzeit die Flexibilität, ihr Studium im regulären Bachelor-Programm weiterzuführen.

Nach der Entscheidung für das 13b-Programm wählen die teilnehmenden Studierenden im vierten Semester die Vertiefung „Rechnungswesen und Wirtschaftsprüfung", welche Voraussetzung für das Ablegen der relevanten Hochschulprüfungen ist. Neben den regulären Lehrveranstaltungen im Bachelorstudium müssen durch die Studierenden zusätzliche Lehrveranstaltungen erbracht werden. Vor diesem Hintergrund ist im 13b-Bachelor von einer siebensemestrigen Studiendauer auszugehen. Dies stellt jedoch keine Vorgabe dar; das Studium kann selbstverständlich auch zügiger absolviert werden.

Das Wirtschaftsprüfungsexamen kann durch einen erfolgreichen Abschluss des vollumfänglichen 13b-Studienprogramms später um die Prüfungsgebiete „Angewandte Betriebswirtschaftslehre, Volkswirtschaftslehre" und „Wirtschaftsrecht" verkürzt werden. Im Wirtschaftsprüfungsexamen entfallen hierdurch insgesamt drei von sieben Klausuren. Diese Verkürzungsmöglichkeit ist nach Abschluss des Bachelorstudiums für acht Jahre gegeben. Alternativ kann der Studienplan auch so zusammengestellt werden, dass die Hochschulleistungen nur für eines der beiden Prüfungsgebiete anrechenbar sind. Der auf der nachfolgenden Seite dargestellte Studienplan zeigt alle Lehrveranstaltungen des 13b-Bachelorprogramms auf, die bei Anrechnung der Studienleistungen für beide Prüfungsgebiete absolviert werden müssen.

2.3 Kooperationen mit Wirtschaftsprüfungsgesellschaften

Das 13b-Bachelorprogramm an der Universität Ulm erfreut sich bei Wirtschaftsprüfungsgesellschaften aller Größenklassen einer sehr positiven Resonanz. So wurden 23 regionale und überregionale Fördergesellschaften für die 13b-Zusatzqualifikation gewonnen. Hierdurch erhalten die Studierenden im 13b-Bachelor neben einer herausragenden Förderung frühzeitig die Möglichkeit, Kontakte zur Praxis zu knüpfen.

Um den Studierenden einen tiefergreifenden Einblick in die praktische Tätigkeit des Berufs der Wirtschaftsprüfer:innen zu geben und deren theoretisches Wissen durch praktische Erfahrungen zu vertiefen, werden regelmäßig Fallstudien, Exkursionen und Vortragsveranstaltungen angeboten.

Selbstverständlich werden die Studierenden des 13b-Bachelors bei der Bewerbung um Praktikumsstellen unterstützt. Oftmals wird der Kontakt zwischen Studierenden und Gesellschaft über das Praktikum hinaus aufrechterhalten, sodass die Möglichkeit einer langfristigen Zusammenarbeit besteht. Auch beim Berufseinstieg wird eine besondere Unterstützung geboten.

	1. Semester	2. Semester	3. Semester	4. Semester	5. Semester	6. Semester	7. Semester
BWL	Grundlagen der BWL 6 LP	Externes Rechnungswesen 6 LP	Internes Rechnungswesen und Investition 6 LP	Finanzierung 6 LP / Grundlagen des Controlling 6 LP	Wahlpflichtfach BWL[1] 3 LP	Corporate Strategy 7 LP	Business Unit Corporate Finance 6 LP
VWL	Grundlagen der VWL 6 LP	Mikroökonomik 6 LP	Makroökonomik 6 LP			Wirtschaftspolitik 6 LP	Wahlpflichtfach VWL 6 LP
Mathematik/ Statistik	Mathematik für Wirtschaftswissenschaftler 6 LP	Weiterführende Mathematik und Statistik für Wirtschaftswissenschaftler 9 LP	Wirtschaftsstatistik und Ökonometrie 9 LP	Projektkurs Data Science & Business Analytics 10 LP			
Informatik	Datenbanken und Informationsanalytik 8 LP	Einführung in die Informatik I – Grundlagen 6 LP					
Recht	Grundzüge des Bürgerlichen Rechts 6 LP			Handelsrecht 3 LP / Deutsches, Europäisches und Internationales Unternehmensrecht[2] 6 LP + 6 LP	Personengesellschafts- und Insolvenzrecht 3 LP	Vertiefungsvorlesung im Bürgerlichen Recht 2 LP	
Profil (Rechnungswesen und Wirtschaftsprüfung)[3]				Grundlagen der Jahresabschlusserstellung 7 LP	Angewandte Kostenrechnung 3 LP / Spezialfragen der Abschlusserstellung 6 LP / Grundfragen der Corporate Governance 3 LP / Wahlpflichtfach[4] 3 LP	Valuation 4 LP	
Weitere Leistungen			English for Special Purposes: WiWi 3 LP	Praktikum[5] 10 LP / ASQ[6] 3 LP	Seminar 4 LP	Seminar 4 LP	Bachelorarbeit 12 LP
LP (gesamt: 212)	29	30	29	30 (+11)	25 (+11)	23	24

[1] Das Wahlpflichtfach BWL muss aus dem Bereich der „Angewandten BWL" stammen.

[2] Die Veranstaltung findet während der vorlesungsfreien Zeit in Form von zwei Blockveranstaltungen mit jeweils zwei Präsenzwochen statt.

[3] Es wird zudem empfohlen, die Lehrveranstaltung „Grundzüge des Steuerrechts" zu absolvieren.

[4] Es wird empfohlen, eine Lehrveranstaltung zum Gebiet Wirtschaftsprüfung zu wählen.

[5] Es wird empfohlen, das Berufspraktikum während der vorlesungsfreien Zeit zu absolvieren.

[6] Je nach Art des gewählten Moduls (Inhalte und erforderliche Vorkenntnisse) bietet es sich ggf. an, dieses bereits in früheren Semestern zu belegen.

2.4 Resonanz durch die Studierenden

Die Resonanz der bisherigen Studierenden ist sehr positiv, sodass sich etwa ein Fünftel der Studierenden eines jeden Jahrgangs für das 13b-Angebot entscheidet. Mittlerweile absolviert bereits der vierzehnte Jahrgang den 13b-Bachelor; der Zuspruch der Studierenden ist unverändert hoch.

Marie Braunger, 13b-Studentin im 6. Semester, berichtet über ihre Erfahrungen im 13b-Bachelor:

„Mein Bachelorstudium im Bereich Wirtschaftswissenschaften habe ich im Oktober 2019 begonnen und mich direkt für Themenbereiche aus der BWL interessiert. Mir war sofort klar, dass ich mich weiter in dieser Richtung vertiefen möchte. Im Rahmen von 13b-Informationsveranstaltungen während des dritten Semesters bin ich dann auf den Beruf der Wirtschaftsprüferin aufmerksam geworden. An der Schwerpunktveranstaltung waren sowohl Professoren, als auch Vertreter:innen diverser Wirtschaftsprüfungsgesellschaften anwesend, die über ihre beruflichen Erfahrungen und das Berufsbild des Wirtschaftsprüfers berichtet haben. In der Möglichkeit, bereits während des Studiums zwei der vier Prüfungsgebiete des Wirtschaftsprüfungsexamens ablegen zu können, habe ich eine interessante Gelegenheit gesehen, meine Interessen im Fachgebiet Rechnungswesen und Wirtschaftsprüfung weiter zu vertiefen. Eine Anrechnungsmöglichkeit auf das Wirtschaftsprüfungsexamen besteht an der Universität Ulm in den Prüfungsgebieten „Angewandte Betriebswirtschaftslehre, Volkswirtschaftslehre" sowie „Wirtschaftsrecht".

Den Bachelor mit einer Zusatzqualifikation abzuschließen ist aber eindeutig auch mit einem Mehraufwand verbunden. Die Blockveranstaltungen im Bereich Wirtschaftsrecht habe ich in den Semesterferien gehört und nebenher Prüfungen geschrieben. Wenn man jedoch das Ziel vor Augen behält und sich bewusstmacht, wie positiv der 13b-Bachelor in der Praxis angenommen wird, lohnt sich der Mehraufwand eindeutig! Außerdem gibt es auch jederzeit die Möglichkeit, die Studienzeit zu verlängern und somit etwas mehr Freiraum in den Studienplan zu integrieren. Weiterhin besteht die Option, das Masterstudium zu verkürzen, da bereits im Bachelor Mastermodule, sog. Zusatzmodule, im Rahmen des 13b-Bachelors absolviert werden müssen, welche jedoch später für den Master an der Universität Ulm angerechnet werden können. Ob man an seinen Bachelor noch einen Master anhängt, ist natürlich Typ-Sache.

In meinem Fall strebe ich einen Master an, nicht nur, weil mir das Studieren Spaß macht, sondern auch um die später benötigte Praxiszeit als Prüfungsassistentin für die Anmeldung zum WP-Examen von vier auf drei Jahre verkürzen zu können.

Ein besonderes Merkmal des 13b-Bachleors an der Universität Ulm ist dabei die sehr gute Betreuung durch das Institut für Rechnungswesen und Wirtschaftsprüfung. Durch E-Mails und gelegentliche Treffen werden wir 13b-Studierende auf dem Laufenden gehalten und bei verschiedensten Anliegen sowie der Einhaltung der rechtlichen Vorgaben tatkräftig unterstützt.

Eine hohe Bedeutung wird im 13b-Studium auch in der Herstellung von Kontakten zu Wirtschaftsprüfungsgesellschaften beigemessen. Es werden dabei zahlreiche Veranstaltungen, Fallstudien und Workshops angeboten, welche den Studierenden die Möglichkeit bieten, Kontakte in die Praxis zu knüpfen. Dies kann bei der Suche nach einem Praktikumsplatz oder einer Festanstellung sehr hilfreich sein. Durch die vom Institut für Rechnungswesen und Wirtschaftsprüfung organisierte Job- und Praktikumsbörse wurde es mir bspw. ermöglicht, ganz unkompliziert einen Praktikumsplatz bei einer der anwesenden mittelständischen Wirtschaftsprüfungsgesellschaft zu erlangen. Von einigen Gesellschaftsvertreter:innen habe ich dabei immer wieder gesagt bekommen, dass sich der zusätzliche Aufwand, den ich während meines Studiums habe, lohnt und in der Praxis viel Anerkennung findet. Durch das zusätzliche Wissen, welches man im 13b-Programm erlangt, hebt man sich gegenüber anderen Absolvent:innen ohne diese Zusatzqualifikation im Praktikum sowie beim Berufseinstieg ab. Weiterhin werden verschiedene Vorlesungen aus dem 13b-Programm ganz oder teilweise von in der Praxis tätigen Berufsträgern gehalten, sodass auch der Bezug zur Praxis in Form von Beispielen thematisiert wird und allgegenwärtig ist.

Das Studium nach § 13b WPO kann ich jedem, der Interesse am Fachgebiet Rechnungswesen und Wirtschaftsprüfung hat, sehr empfehlen. Die Möglichkeit, das Wirtschaftsprüfungsexamen von sieben auf vier Prüfungen reduzieren zu können, stellt eine große Entlastung für das bevorstehende Wirtschaftsprüfungsexamen dar. Ich würde mich deshalb heute eindeutig wieder für ein Studium nach dem § 13b WPO entscheiden."

3. Wirtschaftswissenschaften an der Universität Ulm

3.1 Entwicklung des Studiengangs

Der Diplom-Studiengang „Wirtschaftswissenschaften" wurde an der Universität Ulm im Jahr 1999 eingerichtet. Im Rahmen der Umsetzung des Bologna-Prozesses wurde der Diplomstudiengang zum Wintersemester 2007/2008 durch einen konsekutiven und vollumfänglich akkreditierten Bachelor- und Masterstudiengang abgelöst. Derzeit lehren im Studiengang „Wirtschaftswissenschaften" insgesamt 17 hauptamtliche Professor:innen an neun Instituten. Zusätzlich unterstützen praxisorientierte Lehrbeauftragte die Lehre.

Das Studium beginnt jeweils zum Wintersemester. Die Online-Einschreibung ist ab dem 1. Juli möglich. Die Studierenden erlangen mit erfolgreichem Abschluss des Studiums einen Bachelor of Science (B. Sc.).

Weitere Informationen zum Bachelorstudiengang „Wirtschaftswissenschaften" finden sich im Internet unter www.uni-ulm.de/mawi.

3.2 Wesentliche Fakten zum regulären Bachelorstudiengang „Wirtschaftswissenschaften"

Der Studiengang „Wirtschaftswissenschaften" zeichnet sich durch ein quantitatives Profil aus. Dieses spiegelt sich in der Lehre und den angebotenen Vertiefungsfächern („Finanz- und Versicherungswirtschaft", „Economics", „Informatik", „Rechnungswesen und Wirtschaftsprüfung", „Business Analytics" oder „Unternehmensführung und Controlling") wider und bringt die spezifischen Stärken der Fakultät für Mathematik und Wirtschaftswissenschaften, an welcher der Studiengang verankert ist, in Forschung und Lehre zur Geltung. Den Studierenden wird eine fundierte methodenorientierte Ausbildung geboten.

Vor dem Hintergrund der Digitalisierung u. a. der Geschäftsprozesse in den Unternehmen erfolgte im Jahr 2019 eine Umgestaltung des Studiengangs, um den Studierenden eine zeitgemäße Ausbildung zu bieten. Die Kerndisziplinen der Wirtschaftswissenschaften bilden weiterhin die Lehrveranstaltungen der Betriebs- und Volkswirtschaftslehre. Ein besonderer Fokus des Bachelorstudiums liegt auf den Bereichen Data Sciene und Business Analytics. Die Vermittlung eines fundierten Verständnisses für die Methoden der Informatik stellt hierbei einen elementaren Bestandteil dar und ist somit Pflichtbestandteil des Studienplans. Durch die zusätzliche Vermittlung mathematischer

Kenntnisse werden neben reinem Methodenwissen insbesondere analytisches Denken und das strukturierte Lösen von Problemen trainiert. Aufgrund der zunehmenden Bedeutung juristischer Fragestellungen in den Wirtschaftswissenschaften werden den Studierenden zusätzlich Kenntnisse im Bereich Wirtschaftsrecht vermittelt. Mit Blick auf die Internationalisierung des Wirtschaftslebens runden englischsprachige Lehrveranstaltungen das Studium ab.

4. Zusammengefasst – Chancen der 13b-Studierenden

Der 13b-Bachelor ermöglicht den Studierenden, sich im Rahmen des Studiums zielorientiert auf das Berufsbild der Wirtschaftsprüfer:innen auszurichten. Die Studierenden können Prüfungsleistungen für das Wirtschaftsprüfungsexamen bereits im Bachelorstudium absolvieren, sodass das Berufsexamen später einmal in verkürzter Form abgelegt werden kann. Dies spart den Berufsanwärter:innen nicht nur Zeit, sondern vermindert auch die starke Doppelbelastung, die auf die zukünftigen Examenskandidaten zukommt, wenn die praktische Berufstätigkeit sowie die Examensvorbereitung parallel erfolgen müssen. Da die Erlangung der Anrechnungsmöglichkeit im Rahmen des regulären Studiums erfolgt, entstehen den Studierenden keine zusätzlichen Kosten. Die exklusive Förderung des Studiums durch zahlreiche Wirtschaftsprüfungsgesellschaften verschiedener Größenklassen ermöglicht es den Studierenden, bereits frühzeitig Kontakte zur Praxis zu knüpfen. Der 13b-Bachelor bietet für die Studierenden eine interessante Chance der herausragenden Qualifizierung bereits im ersten Studienabschnitt bei gleichzeitiger Gewissheit und Flexibilität, das Studium jederzeit regulär weiterführen zu können.

Anschrift und Kontaktperson

Universität Ulm
Fakultät für Mathematik und Wirtschaftswissenschaften
Institut für Rechnungswesen und Wirtschaftsprüfung
Helmholtzstraße 22, 89081 Ulm

Professor Dr. Kai-Uwe Marten
(Programmdirektor 13b-Bachelor)

Tel.:	+49 731 50-33012	E-Mail:	kontakt@13b-bachelor.de
Fax:	+49 731 50-33009	Internet:	www.13b-bachelor.de
		Instagram:	13b_bachelor_uniulm